Walter-Jörg Langbein

Als Eva noch eine Göttin war

Die Wiederentdeckung des Weiblichen in der Bibel

Verborgenes Wissen in biblischen Schriften, verbotenen Büchern und sakralen Kunstwerken

Walter-Jörg Langbein

Als Eva noch eine Göttin war

Die Wiederentdeckung des Weiblichen in der Bibel

Verborgenes Wissen in biblischen Schriften, verbotenen Büchern und sakralen Kunstwerken

„Als Eva noch eine Göttin war"
Erste Auflage Oktober 2015

Ancient Mail Verlag Werner Betz
Europaring 57, D-64521 Groß-Gerau
Tel.: 00 49 (0) 61 52/5 43 75, Fax: 00 49 (0) 61 52/94 91 82
www.ancientmail.de
Email: ancientmail@t-online.de

Coverfoto: Hintergrund NASA (Public Domain, gemeinfrei)
Figur Walter-Jörg Langbein
Umschlaggestaltung: Sandra Schmidt
Druck: Digital Print Group O. Schimek GmbH

ISBN 978-3-95652-118-8

Inhalt:

Für Mariechen

Als Eva noch eine Göttin war: Vom Geheimnis des ewigen Lebens

Das „Alte Testament“ erzählt gleich zu Beginn die uralte Geschichte von Adam und Eva. Sie will uns sehr vertraut erscheinen und ist uns in Wirklichkeit eigentlich fremd. Dabei haben wir sie sicher alle schon oft gehört, vielleicht auch selbst gelesen. Verstanden haben wir sie aber niemals: Ihre wahre Bedeutung bleibt verborgen, solange man sich mit der gängigen christlichen Interpretation begnügt. Da ist von der göttlichen Schöpfung die Rede. Da heißt es, dass jemand „Leben erschafft“. Natürlich meinen wir, diesen Jemand sofort benennen zu können! Gemeint ist doch wohl, so suggeriert unsere christlich-biblische Halbbildung, kein anderer als der alttestamentarische Gott selbst. Wird nicht sein Loblied im berühmten Schöpfungsbericht gesungen? Es ist in der uralten Geschichte vom „Leben-Erschaffer“ aber nicht Gott Jahwe gemeint, sondern Eva:

Im ersten Buch Mose wird der Name Eva so erklärt (Kapitel 3, Vers 20): „Und Adam nannte seine Frau Eva; denn sie wurde die Mutter aller, die da leben.“ Wirklich verständlich ist diese Erklärung für den Bibelleser nicht. Es drängt sich doch die Frage auf, wieso Adam seine Frau „Eva“ genannt haben soll, weil sie „die Mutter aller, die da leben“ wurde. Der deutsche Text gibt keine Erklärung.

Die „Hoffnung für Alle“-Ausgabe der Bibel versucht dem Laien den Zusammenhang zu verdeutlichen, indem eine „Übersetzung“ von „Eva“ angeboten und in Klammern eingefügt wird: „Adam gab seiner Frau den Namen Eva (›Leben‹), denn sie sollte die Stammmutter aller Menschen werden.“

„Eva“, so meint der Laie verstehen zu müssen, heißt also Leben. Und weil Eva die „Stammmutter aller Menschen“ wurde, nannte ihr Mann Adam sie in prophetischer Weitsicht „Eva“, eben „Leben“.

Die tatsächliche Brisanz des Textes geht allerdings in sämtlichen Übersetzungen verloren. Im hebräischen Original steht nämlich, wortwörtlich ins Deutsche übertragen: „Und der Mann nannte seine Frau Eva, denn sie war die Mutter aller lebenden Dinge/ alles Lebendigen.“

Im Originaltext ist Eva nicht nur Stammmutter aller künftiger Menschen, sondern alles Lebendigen: und das sind nach uralter Vorstellung die Pflanzen, die Tiere, die Menschen – und die Götter. Eva erhält also ihren Namen, weil sie als wirkliche Urmutter von Tieren, Menschen und Göttern und nicht nur von den Menschen angesehen wurde!

Was vordergründig als eine sprachwissenschaftliche Haarspalterei erscheinen mag, birgt geradezu sakrilegartige Brisanz: Eva war demnach weit mehr als die erste Frau und Mutter aller Menschen, die nach ihr lebten. Sie war die „Mutter alles Lebendigen“: sie trug also einen uralten Ehrentitel, den es schon im Sumerischen gab, lange bevor die Bibel geschrieben wurde. „Eva“ entspricht der sumerischen Göttin „nin.ti“. „Nin.ti“ wurde nicht nur „Herrin des Lebens“, sondern auch „Herrin der Rippe“ genannt. Das sumerische „Herrin der Rippe“ lässt sich auch mit „Herrin/ Göttin, die Leben erschafft“ übersetzen! Jetzt erscheint die Aussage der Bibel, dass Eva aus Adams Rippe kreiert wurde, in ganz anderem Licht! Eva, die Urmutter alles Lebendigen, war ursprünglich viel mehr als die erste Frau. Sie war eine Göttin, die alles Leben schuf!

„Mutter alles Lebenden“ wurde lange vor Eva die Göttin Ninhursag genannt, die auch als „Mami“ und „Nintu“ bekannt war – und das wohl Jahrtausende vor Entstehung der Bibel! Eva ist die zum Menschen degradierte einstige „Göttin der Rippe“, die alles Leben schuf. Sie ist die von den biblischen Theologen entmachtete Göttin Ninhursag der Sumerer, die einst als mächtige Erd- und Muttergottheit angebetet wurde. Als Göttin der Fruchtbarkeit bestimmte sie über das Schicksal der Erde. In Tempel-Hymnen wird sie als „wahre und große Herrin des Himmels“ gepriesen. Somit stand sie auch über den allen anderen Göttern ... so wie Eva noch in der Bibel als „Mutter alles Lebendigen“, also auch der Götter, bezeichnet wird!

Professor Isaac M. Kikawada war an der Universität von Berkeley, Kalifornien, Experte für die Urgötter des Nahen Ostens. Er veröffentliche die fundierten theologische Bücher „Jesus in the Gospels“ (Jesus in den Evangelien) und „Before Abraham was“ (Bevor es Abraham gab). Wirklich brisant sind seine Forschungsergebnisse über Eva, die er im „Journal of Biblical Literature“ veröffentlichte. Damit hätte er weltweit heftigste Diskussionen auslösen müssen. Aber anscheinend nimmt man in der „wissenschaftlichen Theologie“ kontroverse Meinungen offiziell überhaupt nicht zur Kenntnis, auch dann nicht, wenn sie aus seriöser Quelle stammen. Prof. Isaac Kikawada identifizierte Eva als die Göttin Mami, als die „Herrin aller Götter".

In der Welt des Vorderen Orients gab es eine Vielzahl von Göttinnen. Genauer gesagt: Es sind unzählige Namen von Göttinnen überliefert, die eine ganz besonders große Rolle in den Glaubenswelten der Menschen gespielt haben müssen. Verfolgen wir die Spur der Göttinnen zurück in die graue Vorzeit! Rasch erkennen wir, dass sie alle einen gemeinsamen Ursprung haben. Am Anfang war nicht der männliche Schöpfergott. Am Anfang war nicht der männliche Urheber allen Seins, sondern die Göttin. Vielfältig wie die unterschiedlichen Namen der Göttinnen, scheinen auch die ältesten Überlieferungen über den Ursprung allen Seins zu sein. Der Schein aber trügt, wie der Anthropologe, Orientalist und Bibelforscher Raphael Patai, feststellt („The Hebrew Goddess" S. 24): „Die ältesten Antworten auf die berühmte Frage nach dem Woher wiederholen immer wieder in mannigfaltiger Form die gleiche Idee: Es war der Körper der Urgöttin, aus dem entweder das Weltenei erschien oder aus dem die Erde geboren wurde. Oder es war der Körper der Göttin selbst, aus dessen Materie die Erde geformt wurde. So beginnen die ältesten Kosmologien mit der Urgöttin." Schon 1930 kam der Theologe Wilhelm Schmidt in seinem Werk „Ursprung und Werden der Religion" zur Erkenntnis, dass uralte Kulturen das höchste Wesen häufig als Göttin sahen.

Die „Urgöttin" Eva, die „Mutter alles Lebenden" wurde mit „Mutter Erde" gleichgesetzt. Im biblischen Buch Hiob (Kapitel 1 Vers 21) wird versteckt noch an das Bild von „Mutter Erde" erinnert: „Nackt kam ich hervor aus dem Schoß meiner Mutter; nackt kehre ich dahin zurück." Zunächst denkt man an die menschliche Mutter, die das nackte Baby gebiert. Doch im zweiten Teil des Satzes ist vom Tod die Rede: Als nackter Leichnam kehrt der Tote nicht in den Leib seiner irdischen Mutter, sondern in den „Leib" der Erde zurück. Der Tote wird im Erdreich bestattet. Die Erde wird ganz klar als „Schoß der Mutter" bezeichnet, in den der Mensch zurückkehrt. Die verborgene Botschaft lautet also: Mutter Erde hat den Menschen geboren und nimmt ihn nach seinem Tode wieder auf. Sollte man gar einen Schritt weiter gehen können? Spielt der Hiob-Satz auf die Lehre von der Wiedergeburt an: Der Mensch wird geboren, stirbt, aber um wieder geboren zu werden?

Als Eva noch eine Göttin war, war die Erde die Urmutter schlechthin. So heißt es im homerischen Hymnus an die Erde: „Erde, die Mutter von uns allen. Wohlgeformte Erde, älteste von allen, die alles Lebende nährt ... Dir obliegt es, Leben zu geben oder Leben von den sterblichen Menschen zu nehmen!“ Lukrez (Titis Lucretius Carus, 97 v. Chr. Bis 55 v. Chr.), ein großer Philosoph des ersten vorchristlichen Jahrhunderts, pries in seinem monumentalen Lehrgedicht „De rerum natura“ („Über die Natur der Dinge“) die Erde als göttliche Urmutter, da sie alles auf Erden hervorgebracht habe. Platon, der griechische Denker und philosophische Systematiker, sah die Erde als göttliche Urmutter schlechthin. Nach Platon kopiert die gebärende Frau die Erde, die alles Lebende hervorbrachte. Ein solches Denken war den frühen christlichen Theologen ein Gräuel, machte es doch einen männlichen Schöpfergott vollkommen überflüssig.

Noch heute könnte in der Bibel die heilige Urgöttin als wahre Mutter des Universums gepriesen werden. Auch zu Beginn des dritten Jahrtausends nach Christus könnte in christlichen Gottesdiensten statt eines männlichen Gottes die allmächtige Göttin angerufen werden. Doch bis ins zweite Jahrhundert hat die patriarchalische Zensur sämtliche Hinweise auf die Muttergöttin getilgt. Ihre Anhänger, die Gnostiker, waren zeitweise eine starke frühchristliche Bewegung. Vielleicht waren sie zu friedliebend für eine Welt der Gewalt? Die Jahwe-Anhänger bekämpften die Gnostiker radikal und verurteilten die gnostischen Evangelien als ketzerhaft. Ketzer wurden über Jahrhunderte hinweg grausam verfolgt und systematisch ermordet. Gnostische heilige Bücher wurden offenbar gezielt gesucht und vernichtet. Spätestens um das Jahr 200 nach Christus waren sämtliche gnostische Texte, in denen die Muttergöttin verehrt wurde, aus den Evangelien verbannt.

Hippolyt (etwa 170 n.Chr.- 235 n.Chr.), von der heutigen christlichen Theologie als einer der wichtigsten Kirchenlehrer des frühen Christentums angesehen, verfasste eine Reihe von theologischen Abhandlungen und Kommentaren. Besonders heftig bekämpfte er die Gnostiker. In seinem vielleicht wichtigsten Werk, der Propagandaschrift „Refutationis Omnium Haeresium“ („Widerlegung aller Häresien“), prangerte er 32 Sekten als „ketzerisch“ an. Verhasst war dem Anhänger des männlichen Jahwe die Verehrung der Göttin, als der Mutter alles Lebenden.

Als Eva noch eine Göttin war, war die Schöpfung selbst göttlich und nicht nur das von einem männlichen Gott hergestellte Werk. In welcher Form auch die Geschichte von der Göttin und der Schöpfung überliefert wurde, stets war die Schöpfung Teil der Göttin selbst. Niemals war die Schöpfung etwas, was die Göttin aus toter Materie produziert hat. Immer war die Schöpfung göttlich. Ganz anders verhält sich das beim männlichen Gott der Bibel. So mächtig Jahwe auch war, er schuf die Welt wie ein Handwerker aus toter Materie. Oder er ließ sie wie ein Zauberer aus lebloser Materie hervorgehen.

Die Gnostiker warfen dem männlichen Schöpfergott machohaftes Gehabe vor. In seiner Propagandaschrift „Refutationis Omnium Haeresium" („Widerlegung aller Häresien") geht Hippolyt auf diese „ketzerische" gnostische Lehre ein (6.33). Die Gnostiker sahen die Muttergöttin als eigentliche Schöpferin an. Während Jahwe nur mechanisch etwas herstellen konnte, verlieh die Muttergöttin allem das innere Licht.

Für die Jahwe-Theologen beginnt die Geschichte des Universums mit dem Schöpfungsakt des männlichen Gottes. Für die Gnostiker aber war der „Schöpfer-Gott Jahwe" nur ein Abkömmling der Muttergöttin. Dieser untergeordnete männliche Gott war demnach von der Göttin nicht als höchster Gott, sondern allenfalls als Verwalter geschaffen worden. Nach der Theologie der Gnosis war Jahwe im höchsten Maße anmaßend, wenn er sich als den großen und alleinigen Gott ausgab.

Die Gnostiker und ihre Lehren wurden wohl deshalb so heftig bekämpft, weil sie in den ersten beiden Jahrhunderten nach Christus in der noch sehr jungen christlichen Kirche als ernsthafte Konkurrenz zur patriarchalischen Theologie empfunden wurden. Irenäus von Lyon (etwa 135 – 202 n.Chr.), Bischof von Lugdunum in Gallien, sah sich genötigt ein umfangreiches Werk gegen die vermeintlichen „Irrlehrer" seiner Zeit zu verfassen. Irenäus, der heute als erster systematischer Theologe und Heiliger zugleich verehrt wird, wetterte in seiner Streitschrift „Adversus haereses" („Gegen die Irrlehren/ Häresien") gegen die Gnostiker. Besonders empörte sich Irenäus darüber, dass die Gnostiker Jahwe eitler Überheblichkeit bezichtigten „weil er seiner Mutter gegenüber töricht und unverständig war". Die Gnostiker warfen Jahwe vor, seine Mutter zu verleugnen. Irenäus zitiert in „Adversus haereses"

(I,30,6) einen der verbotenen gnostischen Texte. Es wird ein Streit zwischen dem untergeordneten Jahwe und der über ihm stehenden Muttergöttin wiedergegeben: „(Jahwe) wurde überheblich und brüstete sich und hielt sich für erhaben über solche Dinge, die unter ihm waren, und rief aus: ›Ich bin Vater und Gott, und über mir gibt es keinen.‹ Als seine Mutter aber ihn so sprechen hörte, schrie sie auf gegen ihn: ›Lüge nicht!‹"

Geschichte wird immer von Siegern, nie von Verlierern geschrieben. Das gilt auch für die Geschichte der Religionen. Wir können heute, zu Beginn des dritten Jahrtausends nach Christus, allenfalls erahnen, wie stark die Bewegung der Gnostiker einst gewesen sein mag. Es ist durchaus möglich, dass die Gnosis die offizielle christliche Kirchenlehre hätte werden können. Doch es setzte sich die patriarchalische Lehre vom alleinigen Schöpfergott Jahwe durch. Der männliche Gott ging vor rund 1800 Jahren als Sieger hervor, die Göttin hat damals verloren – vorerst.

Fast 1800 Jahre lang standen keine gnostischen Originaltexte zur Verfügung. Doch dann machte der ägyptische Bauer Muhammed Ali im Dezember 1945 einen sensationellen Zufallsfund. Muhammed Ali vom Sammanclan suchte mit einigen anderen Bauern am Fuß des Jabal al-Tarif etwa elf Kilometer nordöstlich von Nag Hammadi nach einem natürlichem Dünger für die kargen Felder, als er auf einen etwa einen Meter hohen tönernen Krug stieß.

Was mochte das gut erhaltene, sauber verschlossene Gefäß enthalten? Durfte man überhaupt wagen, es zu öffnen? Würde man einen Goldschatz finden oder einem bösen Geist die Freiheit geben? Die Hoffnung auf Reichtum überwog, doch dann machte sich herbe Enttäuschung breit. Im Krug gab es kein Gold, sondern „nur" dreizehn schmuddelig wirkende Papyrus-Kodizes. Eine dieser in Leder gebundenen Textsammlungen blieb bis heute verschwunden. Wurde sie verbrannt? Wurde sie achtlos weggeworfen? Oder gelangte sie auf Umwegen in den Besitz eines Privatsammlers?

Fest steht: Teile der noch erhaltenen zwölf Kodizes wurden von Umm Ahmad, der Mutter Muhammed Alis, bedenkenlos als Schürmaterial verwendet. Es kann also sein, dass der fehlende Kodex aus Unkenntnis vernichtet wurde. Oder ist sein Inhalt so brisant, dass niemand wagt, ihn zu veröffentlichen? Irreführend ist die Tatsache, dass die wissenschaftliche Nag-Hammadi-Forschung nach wie vor von dreizehn Kodices spricht. Tatsächlich gibt es nur noch zwölf Kodices, ein dreizehnter ist und bleibt verschwunden. Der heute als Kodex XIII gezählte Band war ursprünglich kein eigenständiges Werk, sondern ein Teil von Kodex VI.

Auf Umwegen gingen die Kodizes schließlich 1946 und 1952 in den Besitz des ägyptischen Staates über. Sie wurden in das „Koptischen Museums“ in Kairo verbracht.

Inzwischen liegen diverse Übersetzungen der Texte vor. Die erste deutsche Gesamtübersetzung legten 1997 Professor Gerd Lüdemann (Inhaber des Lehrstuhls für „Geschichte und Literatur des frühen Christentums“) und Dr. Martina Janssen vor. Der Titel des Sammelwerkes macht die Brisanz des endlich publizierten Materials deutlich: „Bibel der Häretiker – Die gnostischen Schriften aus Nag Hammadi“.

Bei der Auswahl der Texte für „die“ Bibel wurden die gnostischen Texte von der sich formierenden christlichen Kirche abgelehnt. Elaine Pagels konstatiert in ihrem Buch „Versuchung durch Erkenntnis – Die gnostischen Evangelien“ (S. 103): „Als der Prozess des Aussortierens verschiedener Schriften beendet war – wahrscheinlich erst um das Jahr 200 –, waren aus der Vorstellung von Gott so gut wie alle weiblichen Bilder verschwunden.“ Die Texte von Nag Hammadi wurden von wem auch immer vor mehr als eineinhalb Jahrtausenden sorgsam in einem sauber verschlossenen Tonkrug deponiert und vergraben.

Stammt die verbotene Bibel von Nag Hammadi von einer Gruppe von gnostischen Mönchen, die ihre heiligen Texte vor der Vernichtung bewahren wollte? Fest steht: Irenäus von Lyon (etwa 135 – 202 n.Chr.), Bischof von Lugdunum, ließ die heiligen Bücher der Gnostiker einsammeln und auf Scheiterhaufen verbrennen. Vernichtet wurden so heilige Texte, die die Überlegenheit der Muttergöttin priesen. Verbrannt wurden gnostische Beschreibungen der weiblichen Gottheit, die dem männlichen Schöpfergott des „Alten Testaments“ überlegen war. Im Tonkrug von Nag Hammadi überlebten sie aber bis in unsere Zeiten. Leider werden sie heute fast ausschließlich von wenigen Experten zur Kenntnis genommen, von den meisten Theologen aber ignoriert. Das verwundert nicht, erschüttern sie doch das Fundament des patriarchalischen Bibel-Glaubens.

Das „Alte Testament“ verleiht Jahwe den Beinamen „Zebaoth“, zu Deutsch „Allmächtiger“. So heißt es beispielsweise in Psalm 84: „Jahwe Zebaoth, mein König und mein Gott. Wie glücklich sind die, die in deinem Haus wohnen. Immerzu loben sie dich! Wie glücklich sind die, deren Stärke in dir ist.“

Immer wieder taucht „Jahwe Zebaoth“ in der Bibel auf, was in der Regel nicht übersetzt wird. Die hebräische Bezeichnung „Zebaoth“ bleibt also stehen, etwa wie im 1. Buch Samuel Kapitel 1 (Vers 3): „Dieser Mann ging jährlich hinauf von einer Stadt, um anzubeten und dem Herrn Zebaoth zu opfern in Silo.“

Jahwe wird aber nicht nur von seinen gläubigen Anhängern „Allmächtiger“ genannt. Jahwe selbst fordert die wahrhaftig ehrenvolle Bezeichnung (2. Buch Samuel Kapitel 7, Vers 8): „Darum sollst du nun so zu meinem Knechte David sagen: So spricht der Jahwe Zebaoth (Jahwe, der Allmächtige): Ich habe dich genommen ...“

Der Verfasser von Psalm 7 preist Jahwe so (Vers 18): „Ich danke Jahwe um seiner Gerechtigkeit willen und will loben den Namen Jahwes, des Allerhöchsten.“ Und Psalm 83 schließt so: „So werden sie erkennen, dass du allein Herr heißest und der Höchste bist in aller Welt.“

Die gnostischen Texten der „Ketzerbibel“, deren weit mehr als eintausend Seiten wir nur dank der zufälligen Entdeckung von Nag Hammadi kennen, sehen den Sachverhalt ganz anders. Über Jahwe, der als Prahler angesehen wird, steht die Muttergöttin. In den Texten der anderen Bibel, die schon von den Anführern der noch sehr jungen „christlichen Kirche“ als vermeintliches Ketzerwerk weitestgehend vernichtet wurden, wird Jahwe immer wieder von einer ihm überlegenen weiblich-göttlichen Kraft für seine Überheblichkeit gezüchtigt. So heißt es gleich zu Beginn des Buches „Das Wesen der Archonten“ in der Bibel der Gnostiker über Jahwe: „Der Oberste dieser Herrscher ist blind. Im Gefühl seiner Macht, in seiner Unwissenheit und Überheblichkeit sprach er mit lauter Stimme: ›Ich bin Gott, es gibt niemanden außer mir.‹ Indem er aber so sprach, sündigte er gegen das All. Und seine Rede fuhr hinauf zur Unvergänglichkeit. Aus der Unvergänglichkeit kam eine Stimme hervor, die sprach: ›Du irrst, Samael.‹ Samael bedeutet: ›Gott der Blindheit.‹“

Vor Jahwe war also die Muttergöttin. Sie ist Eva, die Mutter alles Lebenden, nicht Jahwe. Gewiss, auch nach der Bibel der Gnosis erschafft Jahwe, aber – wie es im verbotenen Bibelbuch „Apokryphon des Johannes“ der Gnostiker heißt – „nicht weil er die Unvergänglichkeit gesehen hätte, sondern durch die Kraft, ... die er von seiner Mutter erhalten hatte, als sie in ihm das Bild der oberen Ordnung gestaltete.“ Die Göttin verfügt über überlegenen Geist und Sinn für die Unsterblichkeit. Jahwe ist für das rein Materielle zuständig.

Folgerichtig befiehlt der „Handwerker-Gott“ Jahwe den Menschen, sich die Welt untertan zu machen und zu nutzen. Die Welt des patriarchalischen Gottes ist wie ein Haus, das man so gut man kann zum eigenen Vorteil nutzt. Dabei macht es nichts, wenn das Haus nach und nach verwohnt wird und Schaden nimmt. Die Welt der matriarchalischen Göttin ist stets mit der Göttin selbst verbunden. Sie ist Teil der Göttin, also selbst göttlich. Eine nach patriarchalischem Denken von Gott befohlene Ausbeutung der Welt kann es mit der Göttin nicht geben. Verehrung des patriarchalischen Gottes erfolgt aus Dankbarkeit für die zur Nutzung zur Verfügung gestellte Welt. Verehrung der Göttin nach matriarchalischem Denken bedeutet ein ganz anderes Umgehen mit Welt und Natur. Da die Natur doch Teil der Göttin ist, darf sie nicht ausgebeutet werden. Sie muss vielmehr schonend, ja ehrfurchtsvoll behandelt werden.

Die rücksichtslose Ausbeutung, ja Plünderung von Planet Erde ist Folge patriarchalischen Denkens. Ein radikales Umdenken ist dringend erforderlich. Wenn die Schöpfung wieder als heilig und nicht als zur Ausbeutung freigegeben angesehen wird, wird dem Raubbau, der unweigerlich in die apokalyptische Zerstörung führen muss, ein Ende bereitet.

Die Vorstellung von der Göttin als Ursprung der Welt gab es auch bei den ältesten Religionen des Vorderen Orient. Auch hier wurden Muttergöttinnen verehrt und angebetet. Mochten sie auch unterschiedliche Namen tragen, so hatten sie doch einen gemeinsamen Ehrentitel: „Mutter aller Lebendigen“. Just diesen Ehrentitel trägt auch Eva. Die Theologin Kate Millett brachte es 1970 in ihrem Buch „Sexus und Herrschaft“ auf den Punkt: Noch in der Bibel ist Eva als das zu erkennen, was sie ursprünglich einmal war: eine Urgöttin aus uralten Zeiten!

Anders formuliert: Die erste Frau des biblischen Schöpfungsberichts ist eine alte Bekannte in neuem, bescheidenerem Gewand. In der Bibel als „offizieller Propagandaschrift“ für den vermeintlich allmächtigen Gott Jahwe konnten die Verfasser des „Alten Testaments“ keine göttliche Konkurrenz dulden, schon gar keine weibliche! Als alleiniger Schöpfergott hatte nur noch Jahwe zu gelten. Für die ältere, ursprünglichere Urgöttin war in der Bibel kein Platz mehr. Genauer gesagt: In der Bibel dürfte es eigentlich keine Hinweise auf die Urgöttin geben. Und so wurde die Göttin von den Anhängern des patriarchalischen Jahwe vom Thron gestürzt. Sie muss sehr mächtig gewesen sein und unzählige Anhängerinnen und Anhänger gehabt haben, auch noch zu offiziellen „Jahwe-Zeiten“. Man konnte offenbar die himmlische Herrscherin nicht gänzlich in der Versenkung verschwinden lassen. Also machte man aus der göttlichen Schöpferin die menschliche Frau Eva, die ihrem Mann zu gehorchen hat und die unter Qualen gebären muss.

Im „Altem Testament“ tritt uns Eva als untertänige und unterwürfige Frau entgegen. Gott, so heißt es im ersten Buch Mose, bedauerte, dass Adam so ganz auf sich allein gestellt war (Kapitel 2, Vers 18): „Und Gott, der Herr sprach: Es ist nicht gut, dass der Mensch allein sei! Ich will ihm eine Gehilfin machen, die um ihn sei.“ Gewiss, da waren die Tiere, die der Mensch benennen durfte (1. Buch Mose Kapitel 2, Vers 20): „Und der Mensch gab einem jeden Vieh und Vogel unter dem Himmel und Tier auf dem Felde seinen Namen; aber für den Menschen ward keine Gehilfin gefunden, die um ihn wäre.“ Schließlich erschafft Gott die Frau für Adam: nicht als gleichberechtigte Partnerin etwa, sondern als „Gehilfin“, über den Tieren, aber unter Adam stehend.

Die unterwürfige Rolle der Frau wird nicht nur im „Alten Testament“ beschrieben. Ähnlich Frauenfeindliches findet sich auch im „Neuen Testament“ So heißt es im 1.Timotheus-Brief des Paulus (Kapitel 2, Vers 14): „Einer Frau gestatte ich nicht, dass sie lehre, auch nicht, dass sie über den Mann Herr sei, sondern sie sei still.“ Im „Alten“ wie im „Neuen Testament“ wird die Herrschaft des Mannes über die Frau mit ganz ähnlichen Worten vorgeschrieben. Im 1. Buch Mose (Kapitel 3, Vers 16) wird die Rollenverteilung klar festgelegt. Gott selbst verkündet Eva: „Er (Adam) soll dein Herr sein!“ Dieses Gebot Gottes wird im „Neuen Testament“ bestätigt. Klipp und klar wird da als Wort des männlichen Gottes befohlen (Epheser Kapitel 5, Vers 22): „Ihr Frauen, ordnet euch euren Männern unter wie dem Herrn."

Die angeblich gottgewollte Ordnung ist klar gegliedert. So wie der männliche Gott die Welt regiert, so steht sein männlicher, gottgleicher Sohn über der Gemeinde. Und was der Gottessohn für die Gemeinde ist, das ist der Mann für die Frau – im patriarchalischen Weltbild (Epheser Kapitel 5, Verse 23 und 24): „Denn der Mann ist das Haupt der Frau, wie auch Christus das Haupt der Gemeinde ist, die er als seinen Leib erlöst hat. Aber wie nun die Gemeinde sich Christus unterordnet, so sollen sich auch die Frauen ihren Männern unterordnen in allen Dingen."

Was für eine Revolution muss einst die menschliche Gesellschaft erschüttert haben, als das Matriarchat vom Patriarchat abgelöst wurde: Aus der einstigen Göttin Eva wurde die Handlangerin Adams. Was für ein Sturz aus dem Himmel: Einst war Eva die große Göttin, wurde unter Namen wie „Mami" oder „Nintu" als Erschafferin allen Lebens verehrt. Sie war der eigentliche, der wirkliche Anfang, lange bevor der biblische Gott ersonnen wurde.

Im Schöpfungsbericht der Bibel wurde aus der einstigen Göttin nicht etwa eine untergeordnete Gottheit, die sich dem Übergott des Patriarchats zu unterwerfen hatte. Jahwe duldete keinerlei Göttin: weder neben, noch unter sich. Eva verlor ihren überragenden Status als Gottheit. Sie wurde eine einfache Frau, die dem Mann zu gehorchen hatte.

Im Schöpfungsbericht der Bibel begegnen uns Eva, ein geheimnisvoller Baum und die Schlange. Dieses Bild ist allerdings kein biblisches Original! Es ist wesentlich älter als die Bibel. Die biblischen Autoren haben es aus Ägypten übernommen. Im Land am Nil hat die Schlange einen Namen: Apophis. Und Apophis wird in sakralen Darstellungen sehr häufig vor einem mächtigen Baum gezeigt. Wie sich doch die Bilder gleichen. Wer kennt sie nicht, die Geschichte vom Baum im paradiesischen Garten, von der Schlange und den Äpfeln, die angeblich unsterblich machen?

Es ist aber nicht von der biblischen Geschichte von Adam und Eva die Rede, sondern von einem uralten griechischen Mythos. Einst, so wird überliefert, gedieh im Garten der Hesperiden ein Apfelbaum mit ganz besonderen Früchten. Wer sie aß, wurde unsterblich. Dieses Privileg sollte den Göttinnen und Göttern vorbehalten sein. Nur sie sollten in den Genuss ewigen Lebens kommen, nicht aber die gewöhnlichen Sterblichen. Die sollten sich nicht an den Äpfeln vergreifen. Deshalb wurde der Wunderbaum vom „Drachen“ Ladon bewacht. Ladon war allerdings – wie die Drachenmonster der Bibel – eine Schlange. Erdgöttin Gaia hatte den Baum mit den verbotenen Äpfeln der Göttin Hera zur Hochzeit mit Zeus geschenkt.

Im biblischen Garten Eden gibt es nicht einen, sondern zwei Wunderbäume (1. Buch Mose Kapitel 2, Vers 9), „den Baum des Lebens und den Baum der Erkenntnis“. Verboten sind die Früchte des Baumes der Erkenntnis (1. Buch Mose Kapitel 2, Vers 17). Der Text verrät nicht, um was für eine Baumart es sich dabei gehandelt hat. Von einem Apfelbaum jedenfalls ist nicht die Rede. Von den Früchten aller anderen Bäume, darauf wird ausdrücklich hingewiesen, darf gegessen werden (1. Buch Mose Kapitel 2, Vers 16): „Du darfst essen von allen Bäumen im Garten.“ Nur der Baum der Erkenntnis ist Tabu. Damit müsste der Baum des Lebens eigentlich zu den erlaubten Bäumen zählen. Seine Früchte müssten also eigentlich verzehrt werden dürfen. Seltsamer Weise geht es im folgenden Text nur noch um den verbotenen Baum der Erkenntnis. Der Baum des Lebens scheint in Vergessenheit zu geraten. Er wird erst am Ende der Paradiesgeschichte noch ein einziges Mal erwähnt.

Im Garten der Hesperiden war der Baum des Lebens den Göttern vorbehalten. Im biblischen Eden bezog sich das Verbot nicht auf den Baum des Lebens, sondern auf den der Erkenntnis. Übrigens: Der Gott der Bibel verbot ausdrücklich Adam, die Früchte vom „Baum der Erkenntnis“ zu verzehren. Der Gott des Alten Testaments weist Adam drohend darauf hin, was sonst geschieht (1. Buch Mose Kapitel 2, Vers 17): „An dem Tage, da du von ihm issest, musst du des Todes sterben.“

Was selbst eifrige Bibelleser nicht beachten: Gott spricht sein Verbot nur Adam gegenüber aus. Es heißt zwar (1. Buch Mose Kapitel 2, Vers 16), dass Gottes Verbot „dem Menschen“ galt, aber zu diesem Zeitpunkt war nach dem Text des Alten Testaments Adam der einzige Mensch. Eva existierte noch gar nicht. Sie wurde erst später aus einer von

Adams Rippen geschaffen, nachdem Adam sämtlichen Tieren einen Namen gegeben hatte (1. Buch Mose Kapitel 2, Vers 22). Somit verstieß Eva nicht gegen das göttliche Verbot, sondern Adam.

Die Äpfel vom Baum der Hesperiden brachten dem Esser Unsterblichkeit, die Früchte vom verbotenen Baum der Bibel hingegen „Erkenntnis" ... und angeblich den Tod, so man sie, Gottes Verbot missachtend, verzehren würde. Allerdings wurde Gottes Strafandrohung nicht umgesetzt. Adam und Eva mussten eindeutig am Tag ihres Vergehens nicht „des Todes sterben".

Die Schlange Ladon aus der griechischen Mythologie bewachte „ihren" Baum. Sie sollte ungebetene Gäste fernhalten. Ihre biblische Kollegin hingegen trachtete danach, Eva zum Verzehr der Früchte zu verführen. Was die eine verhindern will, das will die andere erreichen.

Verschmelzen in der Bibel die Bäume der Erkenntnis und des Lebens zu einem Baum? Scheinbar ist das so! Die Schlange drängt Eva (1. Buch Mose Kapitel 3, Verse 4 und 5): „Ihr werdet keineswegs des Todes sterben, sondern Gott weiß: an dem Tage, da ihr davon esset, werden euch die Augen aufgetan, und ihr werden sein wie Gott." Wer Gottes Verbot übertritt, wird also wie Gott, also allwissend und unsterblich zugleich? Oder bezieht sich die „Gottgleichheit" nur auf das Wissen?

Nachdem Adam Gottes ausdrücklichen Befehl missachtet hatte, entschied Gott, dass Adam und Eva das Paradies zu verlassen hatten. So sollte verhindert werden, damit sie nicht auch noch vom Baum des Lebens essen würden (1. Buch Mose Kapitel 3, Vers 22): „Siehe, der Mensch ist geworden wie unsereiner und weiß, was gut und böse ist. Nun aber, dass er nur nicht ausstrecke seine Hand und breche auch von dem Baum des Lebens und esse und lebe ewiglich!"

Fassen wir zusammen: Adam und Eva leben im Paradies. Die Schlange verleitet Eva dazu, vom verbotenen Baum zu essen. Eva verführt Adam dazu, ebenfalls von der Frucht zu essen. Der biblische Gott vertreibt Adam und Eva aus dem Paradies, obwohl nur Adam sein Verbot übertreten hat. Gott möchte unbedingt verhindern, dass den Menschen das Geheimnis des ewigen Lebens zuteilwird.

Was für eine Revolution muss sich einst ereignet haben als das Matriarchat vom Patriarchat abgelöst wurde: Aus der einstigen Göttin Eva wurde die Handlangerin Adams. Was für ein Sturz aus dem Himmel: Einst war Eva die große Göttin. Sie wurde unter den Namen „Mami“ oder „Nintu“ als Erschafferin allen Lebens verehrt.

Höchst aufschlussreich ist der Koran, wenn es um die Erschaffung des Lebens geht. In der Sprache des Koran heißt Gott unter anderem auch „el-Hay“ (zu Deutsch etwa: „das Beleben“ oder „das, was Leben verleiht“. Der Grund liegt auf der Hand: Gott gilt als der Ursprung des Lebens. Als Urheber des Lebens wird Allah verehrt und angebetet. Er wird nicht zuletzt deshalb als allmächtig angesehen, weil er Leben verleihen kann. Der Koran lässt keinen Zweifel daran aufkommen, warum Allah die Schöpfung vollbrachte (Sure 2:163): „Wahrlich, im Erschaffen der Himmel und der Erde und im Wechsel von Nacht und Tag und in den Schiffen, die im Meer fahren mit dem, was den Menschen nützt, und in dem, was Allah vom Himmel an Wasser hernieder sandte – und er gab der Erde damit Leben, nachdem sie tot war.“ Ziel der Schöpfung durch den allmächtigen Allah war es, das Tote zu beleben: aus toter Materie wurde ein fruchtbares, lebendes Ambiente für den Menschen. Und auch der Mensch selbst wurde aus leblosem Stoff kreiert und bekam von Gott selbst das Leben geschenkt (Sure 15:25): „Und wahrlich: Wir haben den Menschen aus Lehm, aus geformter Tonmasse erschaffen.“ Allah selbst hat den aus toter Materie geformten Menschen belebt, indem er ihm seinen „Geist eingehaucht“ hat.

Das arabische „el-Hay“ weist Gott Allah als den Belebenden aus, der dem Menschen das Leben schenkte. Damit meint der Koran keineswegs nur den ursprünglichen Schöpfungsakt. Vielmehr sieht er Allah als den allmächtigen Gott, der den Menschen aller Zeiten immer wieder Leben schenkt (Sure 15:21 und 22): „Und Wir senden die fruchtbar machenden Winde (hinab). Dann senden Wir Wasser aus den Wolken nieder, dann geben Wir es euch zu trinken; und ihr hättet es nicht aufspeichern können. Und wahrlich, Wir selbst machen lebendig und lassen sterben.“

Der Gottesname „el-Hay“ in der Bedeutung von „Leben schaffen“ ist eng mit der Schlange verbunden: „El-hayyah“ heißt die Schlange. Die Schlange trägt „el-Hay“ in ihrem Namen, was so viel wie „das Beleben“, aber auch „das, was Leben verleiht“ heißt. Mit anderen Worten: Im Koran birgt die Schlange ein Geheimnis, das für gläubige Menschen muslimischen Glaubens ein schlimmes Sakrileg sein muss: die Originalsprache bietet so etwas wie eine Brücke zwischen dem Leben schenkenden Gott und der Schlange an. Eine ähnliche Verbindung legt auch das Hebräische nahe. Allerdings gibt es keine sprachliche Übereinstimmung zwischen dem männlichen Schöpfergott Jahwe und der Schlange, wohl aber zwischen Eva und der Schlange. Die alttestamentarische Sprachbrücke verbindet die Muttergöttin Eva (Chawa/ Hawa) mit der Schlange (hewya).

Im Arabischen haben wir also die sprachliche Verknüpfung vom männlichen Gott mit der Schlange, im Jahrtausende älteren Bibeltext zwischen der Schlange und der großen Muttergöttin. So weist der Text des „Alten Testaments" verschlüsselt auf eine göttliche Lebens-Schafferin und Lebens-Schenkerin hin.

Lange bevor es das alte Israel gab, wurde „Eva, die Mutter alles Lebendigen" als „Cheba", „Chebat", „Chepa" oder „Chepat" angebetet. Im hethitischen Felsenheiligtum von Yazilikaya (in der heutigen Türkei, bei Bogazkale in der Provinz Corum) wird sie als eine Göttin der Göttinnen dargestellt. Auf einem mächtigen Panther stehend überquert sie Berge, als seien es kleine Hügelchen. Ihr folgen untergeordnete Göttinnen. Vor rund dreieinhalb Jahrtausenden schufen hethitische Künstler die imposante Darstellung der Göttin und ihres Gefolges in einem steinernen Relief. Doch nicht nur in Yazılıkaya (Türkisch für „beschriebener Stein") wurde der Göttin der Göttinnen gehuldigt, sie war auch in Alalach, Alepp, Ebla, Mari und anderen bedeutenden Hethiterstädten präsent.

Im „Hohenlied" des „Alten Testaments" wird die heilige Frau als Himmlische dargestellt, die auf den „Pantherbergen" wohnt. So lebt eine Urgöttin aus vorbiblischen Zeiten in der Bibel weiter: als Eva im Schöpfungsbericht und als namenlose Heilige im geheimnisvollen „Hohenlied" (Kapitel 4, Vers 8)!

Im „Heiligen Land" der Bibel wurde ihr noch im ersten Jahrtausend vor Christus kultische Verehrung zuteil, als dies von den patriarchalischen Anhängern längst verboten und unter Todesstrafe gestellt worden war.

Der biblische Schöpfungsbericht vermeldet: Gott Jahwe untersagte es den ersten Menschen, vom Baum der Erkenntnis zu essen. Die Schlange rät den ersten Menschen, das Gebot Jahwes zu übertreten und die Früchte vom Baum der Erkenntnis zu versuchen. Dann würden sie unsterblich wie Gott sein.

Die schlicht wirkende Paradiesgeschichte von Adam, Eva und der Schlange lässt sich wie folgt interpretieren: Gott Jahwe sprach ein klares Verbot aus (1. Buch Mose Kapitel 2, Verse 16 und 17): „Und Gott der Herr (Jahwe) gebot dem Menschen und sprach: Du sollst essen von allerlei Bäumen im Garten; aber von dem Baum der Erkenntnis sollst du nicht essen; denn welches Tages du davon isst, wirst du des Todes sterben."

Die Schlange versuchte mit Erfolg, Eva zum Übertreten des Verbots Jahwes zu verleiten. Und Eva brachte Adam dazu, ebenfalls von den verbotenen Früchten zu essen. Worauf die Bibel nicht eingeht: Nach Gottes Drohung hätten Adam und Eva jetzt tot umfallen müssen. Sie blieben aber am Leben.

Mit anderen Worten: Der männlich-patriarchalische Gott verbot es den Menschen, die Erkenntnisse der weiblichen Muttergöttin anzunehmen. Falls sie sein göttliches Gebot übertreten sollten, wären sie des Todes. Der biblische Gott Jahwe folgte auf die matriarchalische Göttin Eva. Das Patriarchat Jahwes löste das Matriarchat Evas ab. Dieser Wechsel brachte einen Paradigmenwechsel mit sich. Von nun an galt nicht mehr das Wissen der Göttin, von nun an musste männlich-patriarchalisch gedacht werden. Worin unterschieden sich das patriarchalische Weltbild Jahwes und das matriarchalische Weltbild der Göttin Eva?

Nach christlich-patriarchalischem Verständnis lässt sich die wichtigste Botschaft der Bibel in wenigen Sätzen zusammenfassen: Gott schuf den Menschen und gab ihm die Freiheit des Willens. Adam und Eva entschieden sich zum Ungehorsam gegen Gott und brachten so die Sünde in die Welt. Seither wird sie von Generation zu Generation vererbt. So wäre eigentlich die Menschheit auf alle Zeiten verdammt. Doch der Erlöser nimmt die schwere Sündenlast der Menschen auf sich. Er stirbt den Opfertod am Kreuz. Am Ende der Zeit kommt es zum Weltuntergang und zum göttlichen Gericht über die Menschen. Das Böse wird endgültig besiegt.

Das christlich-patriarchalische Weltbild ist also linear: Am Anfang gibt es so etwas wie einen Nullpunkt, also einen absoluten Anfang: die

Kreation aus dem Nichts: „Am Anfang schuf..“ beginnt das „Alte Testament“ mit dem ersten Vers des ersten Kapitels des ersten Buches Mose. Von da an bewegt sich alles auf einen Endpunkt zu. Die Erde wurde nach diesem Verständnis am Ausgangspunkt der Zeit in einem Schöpfungsakt aus dem Nichts erschaffen. Am Ende wird sie in der göttlichen Apokalypse wieder zerstört werden. Alles hat einen einmaligen Anfang und alles findet ein einmaliges Ende. Der Mensch hat ein Leben und eine Chance, sich zu bewähren.

Ganz anders sahen die Ägypter die Zeit, genannt „Neheh“. „Neheh“ stand für die ewige Wiederkehr des Gleichen. Die „Neheh-Zeit“ verlief zyklisch: Das Jahr beginnt mit dem Frühling. Es folgen Sommer, Herbst und Winter. Danach aber beginnt wieder ein neuer Zyklus, der wiederum mit dem Frühling seinen Anfang nimmt. Diese ewige Wiederkehr wird vom Lauf der Gestirne, besonders von der Sonne bestimmt. Zyklen kommen und gehen. Und der Mensch hofft am Ende eines jeden Zyklus auf den nächsten.

Nach altem ägyptischem Glauben lebte die Schlangengottheit Apophis im kosmischen Urozean, schon bevor aus dem Chaos das Universum geschaffen wurde. Jede Nacht musste die Sonnenbarke von Gott Re die Unterwelt durchqueren, damit am folgenden Morgen die Sonne wieder aufgehen konnte. Nacht für Nacht musste Re seinen Hauptfeind Apophis besiegen. Nacht für Nacht wurde Re von seinem Widersacher Apophis immer wieder angegriffen und musste ihn mit seinem Speer abwehren. Nur wenn Re obsiegte schuf er die Voraussetzung für den Fortgang des Lebens auf der Erde. Nur dann konnte die Sonne für einen Tag die Unterwelt verlassen, am Morgen aufgehen und für Pflanzen, Tiere und Menschen scheinen.

Ägyptische Mythen berichten, dass Apophis immer wieder von Göttern besiegt und getötet wurde ... aber immer wieder von den Toten auferstand. So verkörpert der Schlangengott Apophis den ewigen Zyklus von Leben, Sterben und neuerlicher Geburt. Schauriges wird in den berühmten Sonnenhymnen vermeldet: Apophis wird besiegt und zerstückelt. Sein Blut färbt den Morgenhimmel rot, wenn die göttliche Sonnenbarke wieder am Himmel emporzusteigen beginnt.

Der ewige Kampf gegen Apophis wurde von zahlreichen Künstlern im Reich der Pharaonen in farbenprächtigen Bildern verewigt. Immer wieder wurde eine Szene in Gräbern auf kunstvoll gestalteten Wänden abgebildet. Die Kernsätze des Glaubens sollten so plastisch gezeigt und verewigt werden: Re (in Gestalt einer Katze) tötet die Apophis-Schlange.

Zwei besonders gut erhaltene Darstellungen wurden in Deir el-Medinah, in den Gräbern des Sennedjem und des Inherkau gefunden. Der Tod von Apophis war Voraussetzung für den Beginn des nächsten Tages. Wenn Apophis nicht immer wieder getötet werden würde, dann würde es auch keine Zukunft geben, dann würde der ewige Zyklus unterbrochen werden. Der Sieg der Sonne über die Schlange wurde aber auch im übertragenen Sinne verstanden: als Niederlage des Todes, dem die Wiederauferstehung folgt. Das neu geborene Leben würde zwar auch wieder sterben. Angst vor dem Tod musste aber niemand empfinden. Folgte doch wieder die neue Geburt. Im Zentrum stand weniger das Individuum als der ewige Kreislauf des Seins in der Natur.

Der ewige Kampf zwischen Sonnengott und Schlangengott versinnbildlichte das zyklische Zeit- und Geschichtsverständnis ... und eine solche Vorstellung war den patriarchalischen Bibelautoren ein Gräuel. Der große Macher Jahwe hatte mit seiner Schöpfung einen Mechanismus angestoßen, der automatisch bis zur Apokalypse weiterlaufen würde. Für einen ewigen Kampf zwischen Sonnengott und Schlangengott war im biblischen Eingottglauben kein Platz. Jahwe, der biblische Sonnengott, war nach offizieller Sichtweise der Sieger über die Konkurrenz.

Neben Jahwe, als dem allein anerkannten Gott, durfte es keine anderen Götter geben. Genauer gesagt: Neben Jahwe durften keine anderen Götter mehr angebetet werden. Vor allem musste die Schöpfung der einmalige Akt des alleinigen Gottes sein. Ein ewiger Kreislauf von Entstehen, Werden und Vergehen durfte nicht die Bedeutung Gottes mindern. Ein ewiger Kreislauf von Schöpfung und Vergehen ließ sich nicht mit dem allmächtigen Gott vereinbaren, der ein einziges Mal die Welt aus dem Nichts schuf.

So degradierten die biblischen Autoren die göttliche (gottgleiche) Sonne zur simplen Lampe am Firmament (1. Buch Mose Kapitel 1, Vers 16): „Und Gott machte zwei große Lichter: ein großes Licht, das den Tag regiere, und ein kleines Licht, das die Nacht regiere, dazu auch die Sterne.“ Nachdem die Sonne selbst nicht mehr göttlich war, entstand so etwas wie eine Lücke, die wieder geschlossen werden musste. Die Propagandisten des biblischen Jahwe taten dies sehr geschickt, indem sie Gott Jahwe an die Stelle der göttlichen Sonne setzten. Echnatons berühmter Lobeshymnus auf Aton wurde dreist plagiiert. Aus dem Lobpreis auf Aton wurde eine überschwängliche Laudatio auf Jahwe. Bei Echnaton war die Sonne die große Gottheit für die gesamte Welt, die der Erde Lebenskraft schenkt. Diese so positive Rolle der Sonne wurde von Jahwe übernommen, nachdem die Sonne selbst nicht mehr göttlich sein durfte. Echnatons umgeschriebener Hymnus findet sich als Psalm 104 in der Bibel wieder.

Wo einst Aton den Himmel überquerte, da zieht jetzt Jahwe seine Bahn (Psalm 104, Vers 3) „auf den Wolken wie auf einem Wagen". Und wie einst Aton das Leben auf Erden dominant bestimmte, so heißt es jetzt von Jahwe (Psalm 104, Vers 32): „Er schaut die Erde an, so bebt sie. Er rührt die Berge an, so rauchen sie." Für Echnaton war Aton der einzige und allmächtige Gott. Für den Verfälscher des Sonnenhymnus hat Aton ausgedient, das kommt in Psalm 104 (Vers 19) deutlich zum Ausdruck: „Die Sonne (also Aton!) weiß ihren Niedergang." Sie gilt für die Anhänger Jahwes als entmachtet. Jahwe soll zum Gott der Götter werden!

Und doch ist die ägyptische Theologie um den Schlangengott Apophis und die göttliche Sonne Re nicht vergessen. Beim Prediger Salomo, der wegen seiner Frauen aus fernen Landen fremde Götter verehrt haben soll, gibt es einen kurzen Text, der von einem Anhänger ägyptischer Religion verfasst sein könnte. Unverblümt wird die Lehre vom ewigen Kreislauf der Dinge wiederholt (Prediger Salomo Kapitel 1, Verse 5-10): „Die Sonne geht auf und geht unter und läuft an ihren Ort, dass sie dort wieder aufgehe. Der Wind geht nach Süden und dreht sich nach Norden und wieder herum an den Ort, wo er anfing. Alle Wasser laufen ins Meer, doch wird das Meer nicht voller; an den Ort, dahin sie fließen, fließen sie immer wieder. Alles Reden ist so voll Mühe, dass niemand damit zu Ende kommt. Das Auge sieht sich niemals satt, und das Ohr hört sich niemals satt. Was geschehen ist, eben das wird hernach sein. Was man getan hat, eben das tut man hernach wieder, und es geschieht nichts Neues unter der Sonne. Geschieht etwas, von dem man sagen könnte: ›Sieh, das ist neu‹? Es ist längst vorher auch geschehen in den Zeiten, die vor uns gewesen sind."

Welche ägyptische Quelle der Verfasser dieses Textes auch ausgewertet haben mag, das sei dahingestellt. Ganz eindeutig wird hier ein zyklisches Weltbild geschildert, kein lineares. Aus biblischer Sicht sind das höchst ketzerische Gedanken: Wo es einen ewigen Kreislauf der Wiederholung gibt, gilt das Gesetz der ewigen Wiedergeburt.

Mit etwas detektivischem Spürsinn lässt sich das Weltbild rekonstruieren, das vom biblischen Verdrängt wurde: Nach dem älteren, dem matriarchalischen Weltbild verlief der Zeitablauf zyklisch. Alles war ewig, weil sich alles immer und immer wieder wiederholte. An die Stelle der ewigen Wiederkehr trat der biblische Gott, der die Welt einmal schuf, um sie dereinst einmal zu zerstören. Der biblische Gott wird als Allmächtiger gezeichnet, der einmal gibt und einmal wieder nimmt.

Die matriarchalische Göttin ist aber nicht spurlos aus der Bibel getilgt worden: in Eva und der Schlange lebt sie weiter. Jahwe gestattet den Menschen ein paradiesisches Leben, verbietet ihnen aber die Früchte vom Baum der Erkenntnis zu essen. Die Schlange bietet Eva eben diese Früchte an. Wer sie isst, verspricht sie, wird unsterblich wie die Gott.

Der Sachverhalt mutet nur auf den ersten Blick verwirrend an: Es gibt nicht nur einen verbotenen Baum, sondern deren zwei: den Baum der Erkenntnis und den Baum des ewigen Lebens. Nach Aussage des patriarchalischen Gottes Jahwe wird der Mensch sterben, sobald er vom Baum der Erkenntnis isst (1. Buch Mose Kapitel 2, Vers 17): „An dem Tag musst du des Todes sterben." Die Schlange kontert: Das stimmt nicht! Die verbotenen Früchte machen den Menschen zu einem gottgleichen Wesen. Wenn er gegen Jahwes Verbot verstößt, werde er „sein wie Gott".

In der arabisch-semitischen Umwelt der Bibel stand die Schlange für das „Prinzip des Lebens". Sollte also nach dem Willen Jahwes dem Menschen das Prinzip des Lebens verborgen bleiben? Die Schlange hingegen drängte Eva geradezu dieses geheime Wissen auf. Wollte sie dem Menschen das Prinzip des Lebens offenbaren?

So verwirrend die biblische Geschichte von den beiden verbotenen Bäumen der Erkenntnis und des ewigen Lebens auch anmuten mögen, so einfach ist doch der Sachverhalt, der vermittelt werden soll: die Schlange bietet den ersten Menschen nicht ein Zaubermittel an, das ewiges Leben gewährt. Es geht nicht um ein Wundermittel wie im berühmten Gilgameschepos. Die Schlange verspricht vielmehr Erkenntnis in Sachen „ewiges Leben“. Wie sieht dieses Wissen der Schlange vom Geheimnis des ewigen Lebens aus? Darüber scheint sich die Bibel auszuschweigen. Der Schein aber trügt! Die Schlange ist sozusagen die Botschaft selbst. Sie steht für ein uraltes Verständnis von ewigem Leben: das Individuum wird geboren, lebt, stirbt und wird erneut geboren. Die Schlange ist das Symbol eines ewigen Kreislaufs des Lebens, der ewigen, sich endlos wiederholenden Erneuerung!

Am Anfang schuf Gott den Himmel und die Erde ... sagt die Bibel. Und dann übergab er alles dem Menschen mit dem Auftrag „Macht euch alles untertan!“ Doch vor dem männlichen Gott der Bibel herrschte die Göttin. Sie wurde im wahrsten Sinne des Wortes verteufelt, damit der männliche Schöpfergott in den Himmel gehoben werden konnte. Verteufelt wurde auch die Schlange, das uralte Symbol für die Unsterblichkeit der Göttin: für das ewige Werden, Vergehen und neuerliche Werde.

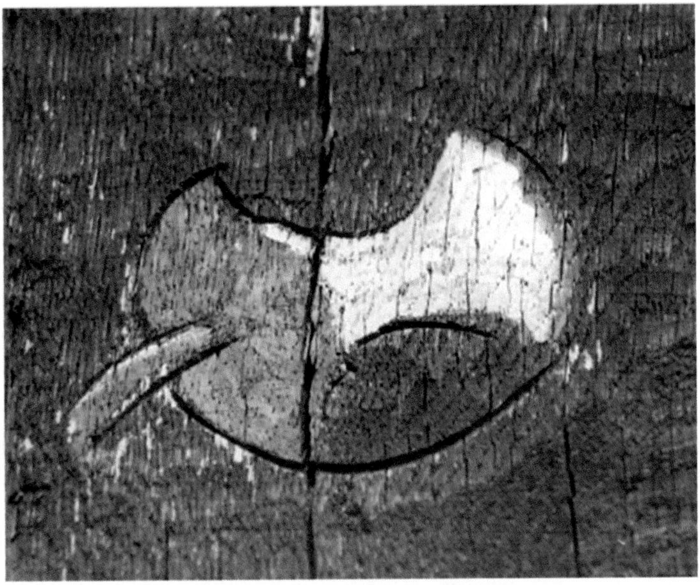

Abb. 1: Der Apfel der Versuchung vom Adam- und Eva-Haus, Höxter

Abb. 2 bis 4:
Eva und Adam aus der Wehrkirche in Urschalling, Chiemsee

Abb. 5: Adam und Eva vom Adam- und Eva-Haus in Höxter

Wie das Böse in die Bibel kam: So wurde die Göttin zum Teufel

Die wohl bekannteste biblische Geschichte ist die von Adam, Eva, der Schlange und den verbotenen Früchten: Gott schuf Adam und Eva. Die ersten Menschen hatten die Wahl: Sie konnten ein paradiesisches Leben ohne Sorgen führen. Oder sie konnten Gott gegenüber ungehorsam sein. Die Entscheidung lag ganz bei ihnen. Die Schlange verleitete Eva zum Ungehorsam gegen Gott. Eva brachte auch Adam dazu, Gottes Verbot zu übertreten. Zur Strafe wurden die ersten Menschen aus dem Paradies vertrieben. Eine Rückkehr wurde ihnen verwehrt. Von nun an mussten sie ein arbeitsreiches Leben führen. Alle künftigen Menschen würden den Ungehorsam Adams und Evas gegen Gott büßen müssen.

Wie kam das Böse in die Bibel? Die Antwort scheint einfach zu sein: durch die ersten Menschen, die sich gegen Gott entschieden. Nach biblisch-christlichem Verständnis gibt es zwei wirklich extreme Gegensätze: auf der einen Seite steht das Gute, auf der anderen Seite das Böse. Gott ist das Gute, der Teufel ist das Böse schlechthin. Nach christlichem Verständnis schuf Gott selbst die Welt. Wenn dem so war, stellt sich eine grundlegende Frage: Wie kam dann das Böse in die Welt? Ist auch das Böse ein Werk Gottes? Der Teufel gilt als das personifizierte Böse. Wie kam der Teufel in den christlichen Glauben? Wie kam der Teufel in die Bibel? Suchen wir in der Bibel nach Antworten. Beginnen wir mit dem mythischen Schöpfungsbericht.

Das erste Buch Mose beginnt so (Kapitel 1, Verse 1-3): „Am Anfang schuf Gott Himmel und Erde. Und die Erde war wüst und leer, und es war finster auf der Tiefe; und der Geist Gottes schwebte über dem Wasser. Und Gott sprach: Es werde Licht! Und es ward Licht. Und Gott sah, dass das Licht gut war."

Schauen wir uns diese kurze Textpassage in einer wortwörtlichen Übersetzung im Sprachduktus des hebräischen Originals noch einmal an: „Am Anfang schuf Elohim (Gott) die Himmel und die Erde. Und die Erde, sie war Wüstenei und Öde und Finsternis über dem Angesicht der Tiefe. Und der Geist von Elohim, schwebend über dem Angesicht der Wasser. Und er sprach, Elohim: Es werde Licht! Und es wurde Licht. Er sah, Elohim, das Licht, dass gut!"

Gott macht sich ans Werk und beginnt mit der Schöpfung. Himmel, Erde und Licht entstehen auf seinen Befehl. Nach dieser ersten Etappe der Schöpfung stellt Gott zufrieden fest, dass das bislang Kreierte gut ist. Schritt für Schritt, etappenweise wird die Schilderung der Schöpfung fortgesetzt: Nachdem Finsternis und Dunkelheit befehlsgemäß entstanden sind, wird zwischen Wasser und Trockenem geschieden. Lassen wir das „Buch der Bücher“ selbst zu Wort kommen (1. Buch Mose Kapitel 1, Vers 10): „Und Gott nannte das Trockene Erde, und die Sammlung der Wasser nannte er Meer. Und Gott sah, dass es gut war.“ Wieder ist eine wichtige Etappe der Schöpfung abgeschlossen. Und wieder ist Gott mit seinem Werk zufrieden: „Und er sah Gott, dass gut!“ lautet die wortwörtliche Übersetzung.

Am dritten Tag werden die Pflanzen erschaffen. Vers 12: „Und die Erde ließ aufgehen Gras und Kraut, das sich besamte, ein jegliches nach seiner Art, und Bäume, die da Frucht trugen und ihren eigenen Samen bei sich selbst hatten, ein jeglicher nach seiner Art. Und Gott sah, dass es gut war.“

Am 4. Tag entstehen auf Gottes Befehl Sonne, Mond und Sterne. Und wieder heißt es (Vers 17): „Und Gott sah, dass es gut war.“

Am 5. und 6. Tag lässt Gott die Tiere zu Land und zu Wasser entstehen. Nach vollbrachter Tat konstatiert Gott wieder (Vers 25): „Und Gott sah, dass es gut war.“

Am 6. Tag erschafft Gott schließlich noch den Menschen. Und am Abend folgt wieder die formelhafte Feststellung (Vers 31):

„Und Gott sah alles an, was er gemacht hatte; und siehe da, es war sehr gut. Da ward aus Abend und Morgen der sechste Tag.“

Am 7. Tag schließlich ruhte sich Gott von den Strapazen der Schöpfung aus (Kapitel 2, Verse 3 und 4): „Und Gott segnete den siebenten Tag und heiligte ihn, darum dass er an demselben geruht hatte von allen seinen Werken, die Gott schuf und machte. Also ist Himmel und Erde geworden, da sie geschaffen sind, zu der Zeit, da Gott Jahwe Erde und Himmel machte.“

Vergegenwärtigen wir uns: In sechs Etappen werden Sonne, Mond und Sterne, Himmel und Erde, Tag und Nacht, Tiere des Wassers und des Landes und schließlich der Mensch geschaffen. Nach jeder Etappe stellt Gott höchstpersönlich fest, dass alles gut war. Salopp ausgedrückt: Gott überprüft kontinuierlich sein Schaffen und gibt sich selbst erst dann das OK für den nächsten Schritt, wenn das Erreichte das Gütesiegel „gut“ erhalten hat.

Schritt für Schritt entstehen die Welt und alles was darauf blüht und wächst, kreucht und fleucht. Nach jedem Schritt der Schöpfung bezeichnet Gott selbst alles als gut. Böses hat keinen Platz in dieser Schöpfung. Böses (oder gar „das Böse“) war in Gottes Schöpfungsplan offenbar nicht vorgesehen. Gott gestaltete doch alles perfekt und ohne Fehler. Wie aber kam dann das Böse in die Welt? Wie kam das Böse in die Bibel? Oder, um es pointierter zu formulieren: Wie kam der Teufel in die Welt? Und: Wie kam der Teufel in die Bibel?

Die Antwort meinen wir zu kennen: der Teufel taucht doch in Gestalt der Schlange auf. Lesen wir in der Bibel nach ... Nachdem in einem zweiten Schöpfungsbericht die ersten Menschen ein zweites Mal von Gott kreiert und in den Garten Eden gesetzt worden waren, sprach Gott ein Verbot aus (Kapitel 2, Verse 16 und 17): „Du sollst essen von allerlei Bäumen im Garten; aber von dem Baum der Erkenntnis des Guten und des Bösen sollst du nicht essen, denn welches Tages du davon isst, wirst du des Todes sterben!“

Urplötzlich taucht das Böse auf ... der Teufel vielleicht? Die Schlange wird im „Alten Testament“ allerdings nicht als Satan bezeichnet. Sie wird als Tier beschrieben (1. Buch Mose Kapitel 3, Vers 1): „Und die Schlange war listiger denn alle Tiere auf dem Felde.“ Wie aber kann das angehen? Die Schlange war nach dem Schöpfungsbericht Teil der guten Welt. Wie kann sie dann böse sein und die ersten Menschen gegen Gott aufwiegeln?

Wie wurde die Schlange im Christentum vom bösen listigen Tier zum Satan? Das liegt am biblischen Verständnis vom teuflischen „Versucher“ und der Rolle der Schlange als Versucherin. Zwei Mal taucht in der Bibel ein Versucher als Satan auf: einmal im „Alten Testament“, einmal im Neuen Testament.

Beginnen wir mit dem „Alten Testament“. Im Buch Hiob (Kapitel 1) führt Satan den frommen und gottgläubigen Hiob in Versuchung. Warum? Satan und Gott schließen quasi eine Wette ohne Einsatz ab. Gott hat eine sehr gute, Satan eine sehr schlechte Meinung von Hiob. Wer hat Recht? Ist Hiob nur fromm, weil er reich und gesund ist, weil er ein glückliches Familienleben hat? Wird Hiob vom Glauben abfallen, wenn ihm aller irdischer Reichtum, die geliebten Verwandten und die Gesundheit genommen werden? Der Versucher darf mit Gottes Einverständnis Hiob alles nehmen, nur nicht das Leben. Tod und Verderben werden ausgelöst, Hiob aber bleibt seinem Glauben treu. Er widersteht der Versuchung.

Und nun zum Neuen Testament. Im „Evangelium nach Markus" (Kapitel 1, Verse 9-13) tritt wiederum der Versucher auf. Die Situation ist bekannt: Jesus zieht sich in die Wüste zurück, Satan führt ihn in Versuchung: „Und es begab sich zu der Zeit, dass Jesus aus Galiläa von Nazareth kam und ließ sich taufen von Johannes im Jordan. Und alsbald stieg er aus dem Wasser und sah, dass sich der Himmel auftat, und den Geist gleich wie eine Taube herab kommen auf ihn. Und da geschah eine Stimme vom Himmel: Du bist mein lieber Sohn, an dem ich Wohlgefallen habe. Und alsbald trieb ihn der Geist in die Wüste, und er war allda in der Wüste 40 Tage und ward versucht von dem Satan und war bei den Tieren, und die Engel dienten ihm."

Das „Evangelium nach Lukas" (Kapitel 4, Verse 1-12) beschreibt den Sachverhalt ausführlicher: „Jesus aber, voll des heiligen Geistes, kam wieder von dem Jordan und ward vom Geist in die Wüste geführt und ward vierzig Tage lang vom Teufel versucht. Und er aß nichts in diesen Tagen; und da sie ein Ende hatten, hungerte ihn darnach. Der Teufel aber sprach zu ihm: Bist du Gottes Sohn, so sprich zu dem Stein, dass er Brot werde. Und Jesus antwortete und sprach zu ihm: Es steht geschrieben: Der Mensch lebt nicht allein vom Brot, sondern von einem jeglichen Wort Gottes. Und der Teufel führte ihn auf einen hohen Berg und zeigte ihm alle Reiche der ganzen Welt in einem Augenblick und sprach zu ihm: Alle diese Macht will ich dir geben und ihre Herrlichkeit; denn sie ist mir übergeben, und ich gebe sie, welchem ich will. So du nun mich willst anbeten, so soll es alles dein sein. Jesus antwortete ihm und sprach: Es steht geschrieben: Du sollst Gott, deinen Herrn, anbeten und ihm allein dienen. Und er führte ihn gen Jerusalem und stellte ihn auf des Tempels Zinne und sprach zu ihm: Bist du Gottes Sohn, so lass dich von hinnen hinunter denn es steht geschrieben: Er wird befehlen seinen Engeln von dir, dass sie dich bewahren und auf den Händen tragen, auf das du nicht etwa deinen Fuß an einen Stein stößt. Jesus antwortete und sprach zu ihm: Es ist gesagt: Du sollst Gott, deinen Herrn, nicht versuchen.“

Die Parallele zwischen den Texten ist offensichtlich: Was dem frommen Hiob widerfährt, das geschieht auch Jesus. In keinem Fall hindert Gott Satan daran, teuflisch zu handeln. In beiden Fällen ist Gott offensichtlich mit der Prüfung durch den Versucher einverstanden. Bei Hiob besprechen sich Satan und Gott sogar vorher. Gott und Satan erscheinen als gleichberechtigte Partner. Gott lässt sich sogar mit Satan auf eine Art Wette ohne Einsatz ein. Es geht nur um die Frage, wer Recht hat. Zu einem souveränen und allwissenden Gott passt das nicht. Der weiß natürlich von vorne herein, wie Hiob reagieren wird.

Im Falle Jesu arbeiten Gott und Satan quasi Hand in Hand: So heißt es, dass „der Geist Gottes“ Jesus in die Wüste trieb. Dort wurde er dann von Satan „versucht“. Gott lässt Satan freie Hand. Oder ist Satan der Handlanger Gottes? Es scheint so! Wann aber wird aus dem „Versucher“ Satan, der im Einverständnis mit Gott wirkt und handelt, der böse Teufel, der gegen Gott agiert?

Im „Evangelium nach Lukas“ heißt es (Kapitel 22, Verse 1-3): „Es war aber nahe das Fest der süßen Brote, das da Ostern heißt. Und die Hohenpriester und Schriftgelehrten trachteten, wie sie ihn töteten; und fürchteten sich vor dem Volk. Es war aber der Satan gefahren in den Judas, genannt Ischariot, der da war aus der Zahl der Zwölf.“

Im „Evangelium nach Johannes“ liest es sich (Kapitel 13, Vers 2) nicht ganz so dramatisch: „Und beim Abendessen, da schon der Teufel hatte dem Judas, Simons Sohn, dem Ischariot, ins Herz gegeben, dass er ihn verriete.“ Etwas später ergänzt das „Evangelium nach Johannes“: „Und nach dem Bissen fuhr der Satan in ihn. Da sprach Jesus zu ihm: Was du tust, das tue bald!“

Satan veranlasst Judas zum Verrat an Jesus, was zu Jesu Verhaftung, Verurteilung und Kreuzigung führt. Er verschuldet also den Tod Jesu. Doch er handelt dabei ganz im Sinne von Gott selbst, dessen Plan ja Jesu Opfertod zum Wohle der Menschheit vorsieht. Judas wirkt also am göttlichen Plan mit. Der Teufel ist kein Widersacher Gottes, sondern sein Werkzeug.

An anderer Stelle („Evangelium nach Markus“ Kapitel 8, Vers 33) allerdings entspricht der Teufel dem Bild von Gottes Widerpart! Er will Gottes Plan hintertreiben und veranlasst keinen Geringeren als Petrus, einen Rettungsversuch für Jesus zu unternehmen. Jesus aber „wandte sich um und sah seine Jünger an und bedrohte Petrus und sprach: Gehe hinter mich, du Satan, denn du meinst nicht, was göttlich, sondern was menschlich ist.“

Satan kann also durchaus im Sinne Gottes handeln, etwa wenn er Judas dazu bringt, Jesus zu verraten. Damit schafft er ja die Voraussetzung für den von Gott gewünschten Opfertod Jesu. Ohne Judas hätte es keinen Erlöser Jesus gegeben.

Satan kann aber auch versuchen, gegen Gottes Plan zu handeln, indem er Jesus vor dem Opfertod zu bewahren versucht. Dann arbeitet der Teufel gegen Gottes Erlösungsplan. Die Bibel ist ganz offensichtlich widersprüchlich in ihren Aussagen über den Teufel. Mal handelt er im Sinne Gottes, mal gegen Gott.

Woher kommt dieser Satan? Im Buch Hiob Kapitel 1 (Vers 6) heißt es: „Es begab sich aber auf einen Tag, da die Kinder Gottes kamen und vor den Herrn traten, kam der Satan auch unter ihnen.“ Offensichtlich hatte Gott so etwas wie einen Hofstaat, der sich gelegentlich um Gott scharte. Satan gehörte diesem Hofstaat an. Im Einvernehmen mit Gott, also nicht als Feind Gottes, führt Satan Hiob in Versuchung. Nähere Angaben über diesen Hofstaat Gottes fehlen in den Schriften der Bibel. Wurden die „Kinder Gottes“ geschaffen? Oder wurden sie gezeugt und wenn ja mit wem?

Wer gründlich die Schriften der Bibel liest, erkennt, woher der Teufel kommt. Eine scheinbar eher unwichtige Volkszählung offenbart die „Geburtsstunde“ Satans. Im 2. Buch Samuel (Kapitel 24, Vers 1) wird ganz eindeutig Gott selbst als Urheber besagter Volkszählung bezeichnet: „Und der Zorn des Herrn ergrimmte abermals wider Israel und er reizte David wider sie, dass er sprach: Gehe hin, zähle Israel und Juda!“ Wütend peinigt Gott Israel. Im 1. Buch Chroniken (Kapitel 21, Vers 1) ist es aber Satan, der das Volk quält: „Und der Satan stand wider Israel und reizte David, dass er Israel zählen ließe.“

Wie ist dieser offensichtliche Widerspruch zu erklären? Die Antwort mag verblüffen: Ursprünglich war der biblische Gott gut und böse zugleich. Ursprünglich vereinte Gott das Gute und das Böse in sich. Gott befreite sein Volk aus der ägyptischen Sklaverei. Er konnte sein Volk peinigen, wenn er wollte, etwa indem er König David eine Volkszählung durchführen ließ.

Schlussendlich wurde die negative Seite Gottes von seiner positiven getrennt. Der böse Aspekt wurde quasi amputiert. Gott war dann nur noch ausschließlich gut. Irgend jemand musste jetzt aber den bösen Part übernehmen, den Gott abgegeben hatte. So wurde es erforderlich, den Satan zu erschaffen, der die böse Seite des zum Guten gewandelten Gottes übernahm. Nur so war das Böse überhaupt möglich: als Werk eines Satans, der gegen Gott kämpft.

Rekapitulieren wir: Als die „Schlange" Eva mit Erfolg in Versuchung führte, gab es in der Bibel noch keinen Teufel. Als Hiob in Versuchung geführt wurde, war der Teufel ein Mitglied von Gottes Hofstaat. Und als Jesus in der Wüste fastete, wurde er vom Teufel in Versuchung geführt.

Der Teufel wurde von Gott getrennt: wie ein siamesischer Zwilling vom anderen? Nach wie vor brennt uns eine wichtige Fragen förmlich auf den Nägeln: Wie kam der Teufel aus Gottes Hofstaat im Himmel hinab auf die Erde? Es wurde auch eine räumliche Trennung zwischen Gott und Teufel vorgenommen, zwischen dem himmlischen Guten und dem irdischen Bösen.

Hieronymus aus Stridon in Dalmatien (etwa 345 bis 420) übersetzte die Bibel ins Lateinische. Der gelehrte Bibelkenner kombinierte ein Jesuswort mit einem alten Jesajatext. Bei Jesaja (Kapitel 14, Vers 12) heißt es über den Sturz des Königs von Babylon: „Wie bist du vom Himmel gefallen, du schöner Morgenstern!" Hieronymus erinnerte dieser Vers an ein Jesuswort bei Lukas (Kapitel 10, Vers 18): „Ich sah den Satan vom Himmel fallen wie einen Blitz."

Es ist wichtig festzustellen, dass beide Texte unabhängig voneinander entstanden und keinen sachlichen Bezug zueinander haben. Trotzdem kombinierte Hieronymus mit einiger Phantasie: Jesaja bezeichnete den Herrscher von Babylon als gefallenen „Morgenstern". Den kannte man in der römischen Mythologie als Luzifer. Das war durchaus positiv gemeint, wie man leicht nachempfinden kann: Noch ist es Nacht, die Dunkelheit ist düster, bedrückend. Doch schon naht der Tag. Er hat einen Vorboten, der noch in der Finsternis erscheint, nämlich die Venus. Sie bringt erstes Licht. Für Hieronymus war klar: Venus ist also Luzifer (Deutsch: Lichtbringer).

Jesus, so sagt das „Neue Testament", will gesehen haben, wie Satan wie ein Blitz vom Himmel stürzte. Da bei Jesaja die göttliche Venus, der Morgenstern, vom Himmel fiel, setzte Hieronymus den Satan aus dem Jesuswort mit dem Morgenstern gleich. Aber warum wurde Venus mit dem Satan identifiziert? Dies geschah aus religiös-propagandistischen Gründen, nämlich um die Göttin von einst im wahrsten Sinne des Wortes zu verteufeln.

Die Göttin Venus musste aus dem Himmel in die Tiefe gestürzt werden. Das bedeutet, dass sie einst im Himmel war. Mit anderen Worten: Der biblische, männliche Gott verdrängte die Göttin aus dem Himmel. Bevor Jahwe das göttliche Regiment übernahm, muss es also eine Herrschaft der Göttin gegeben haben. Und auch wenn das heutigen Theologen nicht genehm ist: Als Jahwe angeblich längst zum alleinigen Gott gemacht werden sollte, wurde weiterhin die Venus-Göttin verehrt! Ihre deutlichen Spuren finden sich noch heute in der Bibel. Unter anderem Namen wird sie nach wie vor verehrt und mit Gott gleichgesetzt.

Der Vogel der Göttin Venus war die weiße Taube. Die römische Liebesgöttin Venus und ihr griechisches Pendant Aphrodite haben die Taube von weit älteren Vorgängerinnen übernommen. Schon Jahrtausende früher wurde die Göttin Ischtar bereits mit der weißen Taube gleichgesetzt. Schon vor rund vier Jahrtausenden kam in einer farbenprächtigen Darstellung im syrischen Königspalast Mari (Hof 106 des Königspalastes) eine überdimensionale weiße Taube vom Himmel, als Tier der Ischtar. Ischtar verkörperte Jahrtausende vor der Entstehung der Bibel die Venus. Ischtar wurde, wie später die römische Venus und ihre griechische Göttin Aphrodite, auch als Liebesgöttin verehrt. Sie galt aber auch als die große Himmelsgöttin.

Noch zu biblischen Zeiten war die Himmelsgöttin, allen Verboten der Anhängerschaft des männlichen Jahwe-Gottes zum Trotz, hoch angesehen: als Astarte wurde sie sogar im Zentralheiligtums Jahwes geehrt. Als eigentlich nur noch Jahwe allein angebetet werden durfte, wurde trotzdem ein intensiver Astarte-Kult betrieben (Jeremia Kapitel 7, Vers 18): „Die Kinder lesen Holz, die Väter zünden das Feuer an und die Frauen kneten den Teig, dass sie der Himmelskönigin (Astarte) Kuchen backen."

Entsetzt musste der wortgewaltige Jahwe-Prophet Jeremia erkennen, wie hoch im Kurs die Göttin der Taube beim Volk stand. Lautstark ist der Protest, den Jeremia zu hören bekommt. Klipp und klar kommt zum Ausdruck, dass nach wie vor von königlicher Obrigkeit wie vom „niederen Volk" die Göttin verehrt worden sein muss (Kapitel 44, Verse 16-19): „Den Worten, die du im Namen Jahwes uns sagst, wollen wir nicht gehorchen, sondern wir wollen all die Worte halten, die aus unserm eigenen Munde gekommen sind, und wollen der Himmelskönigin opfern und ihr Trankopfer darbringen, wie wir und unsere Väter, unsere Könige und Oberen getan haben in den Städten Judas und auf den Gassen Jerusalems. Da hatten wir auch Brot genug und es ging uns gut, und wir sahen kein Unglück. Seit der Zeit aber, da wir es unterlassen haben, der Himmelskönigin zu opfern und Trankopfer darzubringen, haben wir an allem Mangel gelitten und sind durch Schwert und Hunger umgekommen. Und wenn wir Frauen der Himmelskönigin opfern und Trankopfer darbringen, das tun wir ja nicht ohne den Willen unserer Männer, wenn wir ihr Kuchen backen, um ein Bild von ihr zu machen, und ihr Trankopfer darbringen."

Kehren wir zum Sturz der Venus aus dem Himmel zurück. Bildhaft lässt er sich als Vertreibung der göttlichen Taube aus dem Himmel darstellen. Die göttliche Taube aus dem Himmel ist Bibellesern wohlbekannt. Sie wird in allen vier Evangelien erwähnt, die in den Kanon der Bibel aufgenommen wurden. Ganz offensichtlich hat es, zumindest nach der offiziellen Jahwe-Kult-Anhängerschaft, einen Machtwechsel im Himmel gegeben. Offiziell sollte nicht mehr die Göttin, sondern Jahwe als oberster Himmelsherr akzeptiert werden.

Aber auch wenn Jahwe an die Stelle der Göttin getreten war, so konnten offensichtlich die Jahwe-Propagandisten die Taube der Himmelsgöttin Ischtar alias Venus alias Aphrodite nicht in der Versenkung verschwinden lassen. Noch zu Jesu Zeiten muss die Göttin von einst noch so stark gewesen sein, dass man sie in Gestalt des „Geistes Gottes" weiter verehren durfte! Als „Heiliger Geist" wird sie heute im Christentum mit Gott gleichgesetzt.

Im „Evangelium nach Markus“ wird Jesus selbst als „Augenzeuge“ bemüht (Kapitel 1, Verse 9-11). Bei seiner Taufe taucht – nach Markus – die heilige Taube als „der Geist“ auf: „Und es begab sich zu der Zeit, dass Jesus aus Nazareth in Galiläa kam und ließ sich taufen von Johannes im Jordan. Und alsbald, als er aus dem Wasser stieg, sah er, dass sich der Himmel auftat und der Geist wie eine Taube herabkam auf ihn. Und da geschah eine Stimme vom Himmel: Du bist mein lieber Sohn, an dir habe ich Wohlgefallen.“

Aus der Taube, dem Attribut der Göttin, wird bei Markus also „der Geist“. Die anderen Evangelien der Bibel sind deutlich konkreter, was die neue Identität der rätselhaften Taube angeht. Auch das „Evangelium nach Matthäus“ berichtet über die Taufe des erwachsenen Jesus durch Johannes. Auch bei Matthäus taucht die heilige Taube der Göttin auf (Kapitel 3, 13-16): „Zu der Zeit kam Jesus aus Galiläa an den Jordan zu Johannes, dass er sich von ihm taufen ließe. Aber Johannes wehrte ihm und sprach: Ich bedarf dessen, dass ich von dir getauft werde, und du kommst zu mir? Jesus aber antwortete und sprach zu ihm: Lass es jetzt geschehen! Denn so gebührt es uns, alle Gerechtigkeit zu erfüllen. Da ließ er's geschehen. Und als Jesus getauft war, stieg er alsbald herauf aus dem Wasser. Und siehe, da tat sich ihm der Himmel auf, und er sah den Geist Gottes wie eine Taube herabfahren und über sich kommen. Und siehe, eine Stimme vom Himmel herab sprach: Dies ist mein lieber Sohn, an dem ich Wohlgefallen habe.“

Das „Evangelium nach Matthäus“ lässt also eine Taube als „Geist Gottes“ den Himmel verlassen. Den gleichen Sachverhalt schildert auch das „Evangelium nach Lukas“. Allerdings wird hier die Gleichsetzung von der Taube mit dem „Geist Gottes“ noch deutlicher (Kapitel 3, Verse 21 und 22) lesen wir: „Und es begab sich, als alles Volk sich taufen ließ und Jesus auch getauft worden war und betete, da tat sich der Himmel auf, und der Heilige Geist fuhr hernieder auf ihn in leiblicher Gestalt wie eine Taube, und eine Stimme kam aus dem Himmel: Du bist mein lieber Sohn, an dir habe ich Wohlgefallen.“

Kurz und bündig vermeldet das „Evangelium nach Johannes“ (Kapitel 1, Vers 32): „Und Johannes bezeugte und sprach: Ich sah, dass der Geist herabfuhr wie eine Taube vom Himmel und blieb auf ihm.“

Jesus selbst soll bei seiner Taufe gesehen haben, wie der „Geist Gottes“ als „Taube“ vom Himmel herab zur Erde flog. Kaum ein Bibelleser unserer Tage weiß wohl, dass sich hinter der „Taube“ (alias „Geist Gottes“, im Hebräischen übrigens weiblich!) Venus, die Göttin der Liebe und des Himmels, verbirgt. Jesus selbst soll gesehen haben, wie die Venus als Teufel aus dem Himmel stürzte. Da wird in bildhafter Sprache der Wandel vom Matriarchat zum Patriarchat umschrieben, also die Vertreibung der Göttin aus dem Himmel.

Die Tatsache, dass die Göttin zum Satan gemacht wird, spricht für die große Macht, die sie einst besessen haben muss. Offensichtlich gelang es den Anhängern des männlichen Jahwe nicht, die Göttin vergessen zu lassen. Da man sie wohl nicht verschwinden lassen konnte, setzte man auf beleidigende Propaganda: und erklärte die Himmelskönigin von einst zum Teufel. Das aber war so unproblematisch nicht! Denn im Himmel des Judentums gab es ursprünglich gar keinen Teufel.

Die Heimat Satans war nicht das Land der Bibel, sondern Babylon. Im 6. Jahrhundert vor Christus (von etwa 598 v.Chr. bis etwa 539 v.Chr.) machten die Vorfahren Jesu eine bedrückende, schlimme Zeit durch. In babylonischer Gefangenschaft, fern der Heimat, wurden die Juden durch zwei fremde Götter in Versuchung geführt: durch Ahura Mazda, den Gott des Guten, und seinen Gegenspieler Ahriman, den Gott des Bösen.

Erinnern wir uns: Einst vereinte Gott Jahwe das Gute und das Böse in sich. Dann wurde Jahwes „böse Seite“ vom Satan übernommen. In Babylon gab es schon weit früher eine solche Aufgabenteilung: Ahura Mazda war für das Gute, Ahriman für das Böse zuständig. Ahriman war sozusagen die böse Seite Gottes, aus der in der Bibel der Teufel wurde. Aus der babylonischen Gefangenschaft nahmen die heimkehrenden Juden das Bild vom bösen Gott, vom Teufel, mit in die Heimat. Der Teufel fiel nicht aus dem jüdischen Himmel, er kam aus Babylon!

Der Teufel „Luzifer“, der in der Bibel vom Himmel fiel, wurde im Ursprungsland Babylon als Göttin Venus oder als Ischtar verehrt. Bei den Hurritern hieß sie Sauska, bei den Ägyptern Isis. Ischtar wurde als Göttin der Schöpfung anerkannt und angebetet, schon lange bevor der männliche Jahwe von seinen Anhängern zum Schöpfergott erkoren wurde. Frau Professor Dr. Annett Sgoll verfasste eine wissenschaftliche

Arbeit zum Thema „Akkadische Handerhebungsgebete an Ishtar - Studien zur literarischen Form“, die auch als Buch erschien. Die promovierte Assyrologin weist darin nach, was viele Anhänger eines patriarchalischen Gottes nicht wahrhaben wollen: Ischtar wurde lange vor Jahwe als „Herrin der Schöpfung“ gepriesen. In der Bibel wird sie propagandistisch zum Teufel Luzifer, der vom Himmel stürzt.

Das Böse kam nach heutiger christlicher Lehre mit der ersten Übertretung von Gottes Gebot in die Welt: durch Eva, die Adam zum Biss in die Frucht verleitete. Böse ist nach biblischem Verständnis, wer gegen Gottes handelt. Gottes Gebote, so fordert der Römerbrief (Kapitel 2, Verse 12 und 13, Übersetzung „Hoffnung für alle“) müssen von jedermann befolgt werden, ob man sie nun kennt oder nicht: „Wer also Gottes Willen nicht beachtet und gegen seine Gebote handelt, wird sein Leben auf ewig verlieren, auch wenn er Gottes geschriebenes Gesetz gar nicht kannte.“ Und weiter: „Wer vom Gesetz wusste und dennoch dagegen verstieß, wird von Gott nach dem Gesetz gerichtet werden. Entscheidend ist nämlich nicht, ob man Gottes Gebote kennt. Nur wenn man auch danach handelt, wird man von Gott angenommen.“ Wie soll man ausschließlich Jahwe anbeten und nur ihm Opfer bringen, wenn man von seiner Existenz gar nichts weiß?

Das göttliche Gesetz des „Alten Testaments“ ist komplex und äußerst umfangreich. Kaum ein Zeitgenosse kennt wirklich alle seine oft grausam anmutenden „Paragraphen“. Ein wichtiges Beispiel sei genannt: Mit der Todesstrafe wird nicht nur jeder bedroht, wer einen anderen Gott als Jahwe anbetet, sondern auch, wer seinem „Bodenpersonal“, den Priestern, nicht den nötigen Respekt entgegenbringt (5. Buch Mose Kapitel 17, Verse 1-13): „Und wo jemand vermessen handeln würde, dass er dem Priester nicht gehorchte, der daselbst in des Herrn, deines Gottes, Amt steht, oder dem Richter, der soll sterben, und du sollst das Böse aus Israel tun.“

Das Alte Testament versteht Gott als Bündnispartner seines Volkes. Gott steht seinem Volk bei und erwartet dafür Gehorsam. Gott Jahwe hilft seinem Volk, das im Gegenzug seine göttlichen Vorschriften befolgen muss. Gebote Gottes sind freilich nicht nur die bekannten zehn, die ein zivilisiertes Miteinander der Menschen gewährleisten, so man die einfachen Regeln nur befolgt. Viele „Paragraphen“ muten heute befremdlich an, wie die Verhängung der Todesstrafe für unzählige „Delikte“.

Man mag die sogenannte antiautoritäre Erziehung ablehnen. Aber die Todesstrafe für widerspenstige Söhne geht doch entschieden zu weit! Genau die fordert die Bibel ausdrücklich (Das 5. Buch Mose Kapitel 21, Verse 18-21): „Wenn jemand einen widerspenstigen und ungehorsamen Sohn hat, der der Stimme seines Vaters und seiner Mutter nicht gehorcht und auch, wenn sie ihn züchtigen, ihnen nicht gehorchen will, so sollen ihn Vater und Mutter ergreifen und zu den Ältesten der Stadt führen und zu dem Tor des Ortes und zu den Ältesten der Stadt sagen: Dieser Sohn ist widerspenstig und ungehorsam ... So sollen sie ihn steinigen alle Leute seiner Stadt, dass er sterbe, und du sollst das Böse aus deiner Mitte wegtun.“

Schon zu Zeiten des biblischen Paradieses gab es nach heutigem christlichen Verständnis das Böse schon bevor es den Teufel gab. Das Böse entstand, weil sich der Mensch göttlichem Befehl widersetzte. Der Teufel kam erst später hinzu: als Versucher, als Wesen, das den Menschen zum Bösen verleitet. Gott konnte und durfte dieser Versucher nicht sein, also bedurfte es des Teufels. Da Gott als allmächtig angesehen wurde, konnte der Teufel nur untergeordnet sein, ein aus dem Himmel vertriebener Engel. Die Einführung des Teufels diente dabei als propagandistisches Mittel: Die Anhänger des patriarchalischen Gottes Jahwe wollten mit aller Gewalt die uralte und mächtige Göttin verteufeln, um den eigenen Gott im wahrsten Sinne des Wortes in den Himmel zu heben. Also wurde der teuflische Versucher mit der einstigen Beherrscherin des Himmels, mit der Göttin, gleichgesetzt. Die Göttin wurde auf diese Weise aus dem Himmel geworfen und in die Abgründe der Hölle verbannt.

Die Schlange war ursprünglich nicht nur irgendeine Gottheit. Im Reich der Pyramiden wurde Schöpfergott Chnum wie der Jahwe des „Alten Testaments“ als männliche Gottheit verehrt. Chnum war Vorläufer und später Konkurrent des biblischen Jahwe. Der ägyptische Schöpfer wurde lange vor Jahwes Zeiten in Schlangengestalt verehrt. Die männliche Schlangengottheit verdrängte die weibliche Vorläuferin. Denn ursprünglich war die göttliche Schlange weiblich!

Schon lange vor der Schöpfung soll nach uraltem ägyptischen Glauben die Schlangengottheit Apophis im Urmeer des Chaos gehaust haben. Auch diese uralte Vorstellung lebt in der biblischen Glaubenswelt weiter! Auch im biblischen Urmeer war einst ein „Monster" beheimatet, was selbst emsigen Bibellesern kaum bekannt ist. Es fristet in unseren heutigen Bibelausgaben nur noch ein eher kärgliches Dasein. Was kaum jemand weiß: Die Geschichte der Welt fängt in der Bibel nicht mit dem berühmten Schöpfungsbericht an. Bevor Jahwe sein Werk beginnen konnte, musste er erst ein vermeintliches „Meeresmonster" besiegen.

Im Buch Hiob (Kapitel 26, Vers 12) wird dieser Sachverhalt kurz angesprochen: „Durch seine Kraft hat er (Gott) das Meer erregt, und durch seine Einsicht hat er Rahab zerschmettert." In der babylonischen Mythologie ist Rahab ein Meeresdrachen namens Tiamat. Tiamat aber war eine der ältesten Gottheiten überhaupt, nämlich die große Meeresgöttin. Als „Tehom" tritt die Meeresgöttin auch im „Alten Testament" auf, allerdings nur im hebräischen Original, nicht in den Übersetzungen der christlichen Interpreten. Die Übersetzer wussten mit der uralten Göttin nichts anzufangen. Sie ließen sie hinter Umschreibungen verschwinden.

„Am Anfang schuf Gott Himmel und Erde. Und die Erde war wüst und leer, und es war finster auf der Tiefe. Und der Geist Gottes schwebte auf dem Wasser." So, oder so ähnlich, werden für gewöhnlich die ersten Sätze des „Alten Testaments" übersetzt. Korrekter ist die berühmte „Elberfelder Bibel": „Am Anfang schuf Gott den Himmel und die Erde. Und die Erde war wüst und leer und Finsternis war über der Tiefe." Auch die Schlachter-Übersetzung bietet Finsternis, die über der Tiefe lag ... wie auch schon die legendere lateinische Übersetzung fast zwei Jahrtausende früher von „abyssus", also von „Abgrund" spricht. Im hebräischen Original finden wir „Tehom". Und das alttestamentarische „tehom" weist auf die babylonische Meeresgöttin Tiamat, Mutter aller Götter und Göttinnen, hin! Tiamat ist noch ein weiteres Mal im Schöpfungsbericht der Bibel verborgen. Wo es in Übersetzungen heißt „Und die Erde war wüst und leer!" steht im Hebräischen „Tohuwabohu", „Tohu und Bohu". Auch „Tohu" geht auf den Meeresdrachen Tehom zurück. Mit „Bohu" könnte das männliche Pendant Behom, der männliche Erdgott, gemeint sein.

Was aber war ein biblischer Meeresdrachen? Wir stellen uns darunter gewöhnlich ein saurierartiges Ungeheuer vor. Wir denken vielleicht an das legendäre „Nessie“ aus Schottland. Eine sprachliche Analyse gibt Auskunft: Drachen, lateinisch draco, griechisch drákon, bedeutete zunächst Schlange! Die Bibel lässt daran auch keinen Zweifel aufkommen. Beim Drachen handelt es sich keineswegs um ein unbekanntes, undefinierbares Wesen, sondern um eine Schlange. In der Apokalypse nach Johannes heißt es ganz eindeutig (Kapitel 12, Vers 9): „Und es wurde hinausgeworfen der große Drache, die alte Schlange, die da heißt: Teufel und Satan.“

Warum tritt gleich zu Beginn des „Alten Testaments“ das Böse in Gestalt einer Schlange auf? Es geht um negative Propaganda, um Herabwürdigung uralten fremden Glaubens. Beabsichtigt ist eine gezielte Dämonisierung jenes uralten Glaubensgutes, das die Schlange alles andere als negativ sah. Die Meeresgöttin Tehom alias Tiamat sollte im wahrsten Sinne des Wortes verteufelt werden. Die heimtückische Schlange aus dem biblischen Garten Eden war ursprünglich sehr viel mehr als nur das besonders kluge und listige Tier aus Gottes großem Zoo.

In der Schöpfungsmythologie der prähistorischen Pelasger (Griechen) begegnet uns kein männlicher, sondern ein weiblicher Gott: Eurynome. Robert von Ranke-Graves zitiert in seiner renommierten wissenschaftlichen Textsammlung „Griechische Mythologie“ (Bd. 1. Hamburg 1974, S. 20): „Am Anfang war Eurynome, die Göttin aller Dinge. Nackt erhob sie sich aus dem Chaos. Aber sie fand nichts Festes, worauf sie ihre Füße setzen konnte.“ Ganz ähnlich wie ihr biblischer männlicher „Kollege“ trennt die Schöpferin Himmel und Wasser. Dann erschafft Göttin Eurynome erst einmal die „große Schlange“ Ophion, mit der sie sich selbst paart. Zu diesem Zweck verwandelt sich die Göttin selbst in eine Schlange, um sich von der „großen Schlange“ schwängern zu lassen. Nach erfolgreicher Paarung wird die Göttin schließlich noch zur Taube und legt das „Weltenei“. Ophion windet sich sieben Mal um das Ei und brütet es aus. Schließlich springt es auf und heraus kommen „alle Dinge, Sonne, Planeten, Sterne, die Erde mit ihren Bergen und Flüssen, ihren Bäumen, Kräutern und lebenden Wesen.“

Die uralte Mythologie der Pelasger sieht die Göttin als eigentliche Urheberin der Schöpfung an. Sie kreiert die Schlange von der sie geschwängert wird. Es ist die Göttin, die das Universum gebiert. Der „Vater“ beim Zeugungsakt ist von eher untergeordneter Bedeutung. Die Göttin macht ihn sich selbst. Als dann Ophion aber behauptet, selbst der höchste Schöpfer zu sein, bestraft und verbannt ihn die Göttin. Angeblich zertritt sie mit der Ferse seinen Kopf.

Aus Sicht der Pelasger ist der Schöpfergott Jahwe des „Alten Testaments“ ein Hochstapler wie Schlangengott Ophion. Für sie ist die gesamte Schöpfung Werk der Göttin und nicht eines männlichen Gottes!

Pikantes Detail: Göttin Eurynome schwebte über dem Wasser, so wie der „Geist Gottes“ dies gleich zu Beginn des ersten Buches Mose tut (Kapitel 1, Vers 2). Im hebräischen Text steht für „Geist Gottes“ ruach. Ruach ist eindeutig weiblich. Als Eurynome über dem Wasser flog, hatte sie die Gestalt einer Taube, genau wie der weibliche (!) „Heilige Geist“ Gottes, als er vom Himmel herabstieg, um sich auf Jesus zu legen. Im weiblichen „Geist Gottes“, also im „Heiligen Geist“, lebt die Erinnerung an die Schöpfergöttin Eurynome weiter.

Zu Beginn des dritten Jahrtausends nach Christus wird im Volksglauben zusehends der „Heilige Geist“ von Maria, der Mutter Jesu, verdrängt. Maria trägt inzwischen den Ehrentitel „Regina Coeli“, „Himmelskönigin“. Der Glaube an die „Himmelskönigin“ ist allerdings weit älter als das Christentum!

Die Ostkirche zelebrierte bereits im fünften Jahrhundert nach Christus die leibliche Aufnahme der Mutter Jesu in den Himmel. Vermutlich schloss sich die Westkirche im siebten Jahrhundert an und feierte ebenfalls am 15. August die Himmelfahrt Marias. Seit vielen Jahrhunderten wird Maria als „Himmelskönigin“ angebetet ... so wie Jahrtausende zuvor die babylonische Ischtar, die mit der sumerischen Inanna identisch war. Ischtar alias Inanna wurde als die mächtigste und wichtigste Göttin angesehen. Sie schenkte der Erde die Fruchtbarkeit. Sie war für das Gedeihen der Pflanzen ebenso wie der Tiere zuständig ... und für den menschlichen Nachwuchs.

Der Ursprung dieser Göttin liegt wohl in frühesten mythischen Zeiten, als der höchsten Gottheit männliche und weibliche Eigenschaften zugesprochen wurden. Immer wieder begegnet uns der „Drachen“, der ja eigentlich die göttliche Schlange war ... seit uralten Zeiten. Mythenspezialist Dr. phil. Andreas Gößling, studierter Literaturwissenschaftler und Autor eines Buches über „Drachen“, sieht die Schlange als zentrale Gestalt der vorbiblischen Glaubenswelt: „Sie (die Schlange) ist das älteste Symbol und Geisttier der matriarchalen Großen Göttin vieler Kulturen. Die Schlange steht für den Anbeginn der Schöpfung, als die Kreaturen noch nicht in männlich und weiblich geschieden waren. Später wurden die von der Schlange repräsentierten Attribute der matriarchalen Göttin (Heilkraft, Fruchtbarkeit, Wandelbarkeit) teils dämonisiert (etwa im Schlangenhaar der schrecklichen Medusa), teils in den männlichen Götterhimmel integriert (Schlangenstab des Heilgottes Äskulap).“

Als „Morgenstern“ verband man die Göttin mit der Sonne (männlich), als „Abendstern“ mit der Venus (weiblich). Maria, die Himmelskönigin des Christentums, wird seit vielen Jahrhunderten oft zusammen mit der Mondsichel dargestellt. Salomo, der Weise aus der Bibel, verehrte verbotener Weise die Göttin. Als „Himmelskönigin“ Maria darf sie auch heute noch offiziell verehrt, im Gebet angerufen werden.

Offenbar war die Sehnsucht der Gläubigen nach einer Göttin bei den frühen Christen so groß, dass sie nach einem erlaubten „Ersatz“ für verbotene „heidnische“ Göttinnen suchten. Und auch nach fast zwei Jahrtausenden männlich dominierter Kirche bleibt die „Himmelskönigin“ im christlichen Gewand mächtig. So wurde zwar die Göttin von einst zum Teufel gemacht, aber ihm Marienkult kehrt die Göttin wieder.

Die offizielle christliche Theologie bekämpfte den uralten Glauben an die Himmelskönigin. Der Volksglauben aber mochte nicht auf die große Himmlische verzichten. So wurde, nachdem die einstige Göttin Eva erniedrigt worden war, Maria in den Himmel gehoben. Spätestens seit dem 6. Jahrhundert lässt sich eine angebliche „Himmelfahrt Marias“, für die es keinen biblischen Beleg gibt, im christlichen Brauchtum nachweisen. Erst 1950 erklärte Papst Pius XII. Mariens Himmelfahrt für die römisch-katholische Kirche zum Dogma. Vier Jahre später ging der „Heilige Vater“ einen Schritt weiter. Am 11. Oktober 1954 führte Papst Pius XII. per Enzyklika „Ad coeli reginam“ (zu Deutsch „Über die Königin des Himmels“) einen neuen Gedenktag ein: „Maria, Königin des Himmels“. Am 31. Mai konnte die gesamte katholische Glaubenswelt auf päpstliche Anordnung wieder eine „Himmelskönigin“ verehren. Fünfzehn Jahre später wurde das Fest auf den 22. August verlegt.

Papst Pius XII. erhob Jesu Mutter nicht nur in den Stand einer Himmelskönigin. Er machte sie, ohne dass es dafür auch nur die Spur eines Hinweises in der Bibel gibt, zur „Miterlöserin“. Aus streng katholischer Sicht ist diese „Beförderung“ Mariens allerdings ketzerisch, soll doch Jesus allein der Erlöser sein, nun bekommt er aber eine „Miterlöserin“ zur Seite gestellt. Daran lässt „Ad coeli reginam“ keinen Zweifel aufkommen:

„Es ist sicher, dass Jesus Christus als alleiniger Gott und Mensch im vollen, eigentlichen und absoluten Sinn König ist; dennoch nimmt auch Maria an seiner königlichen Würde teil, obschon in einer begrenzten und analogen Weise, da sie die Mutter Christi ist, der Gott ist, und weil sie als Miterlöserin dem Werke des göttlichen Erlösers beigegeben ist in seinem Kampf gegen die Feinde und in seinem Triumph, den er über sie alle davontrug.“

Man mag über die päpstliche Enzyklika und ihren tieferen Sinn diskutieren wie man will. Aber es ist unbestreitbar, dass in „Ad coeli reginam“ Maria zur „Miterlöserin“ und „Himmelskönigin“ erklärt wird. So heißt es auch im „Katechismus der katholischen Kirche“ im „Absatz 6: Maria – Mutter Christi, Mutter der Kirche“ (Artikel 9, Absatz 6/ 966): „Schließlich wurde die unbefleckte Jungfrau, von jedem Makel der Erbsünde bewahrt, nach Vollendung des irdischen Lebenslaufs mit Leib und Seele in die himmlische Herrlichkeit aufgenommen und als Königin des Alls vom Herrn erhöht, um vollkommen ihrem Sohn gleichgestaltet zu sein.“

Es kann eigentlich keinen Zweifel geben: Papst Pius XII. erklärte im Herbst 1954 ganz offiziell Maria, Jesu Mutter, zur Miterlöserin und erhob sie damit in göttlichen Status. Den Terminus der „Miterlöserin“ verwendeten auch die Päpste Pius XI. (verstorben 1939), Paul VI. (verstorben1978) und Johannes Paul II. (verstorben 2005). Schon unzählige Theologen haben in den vergangenen Jahrzehnten gefordert, Maria endlich mit einem offiziellen Dogma quasi ganz offen und kirchenamtlich zur „Miterlöserin“ zu machen.

Am 11. Oktober 1962 eröffnete Papst Johannes XXIII. das Zweite Vaticanum in Rom. Das Konzil wurde nach dem Tode von Johannes

XXIII von Papst Paul VI. fortgeführt und am 8.Dezember 1965 nach vier Sitzungsperioden und der Bekanntmachung von sechzehn Dekreten und Konstitutionen geschlossen. Zur großen Enttäuschung Hunderter von hochrangigen Würdenträgern wurde kein neues Dogma von der „Miterlöserin Maria" verkündet. Dabei wurden von hoher theologischer Seite immer wieder entsprechende Schritte unternommen. Aber aus Rücksicht auf die protestantischen Glaubensbrüder kam es nicht zum Marien-Dogma. Im Vatikan setzte sich die Ansicht durch, eine Gleichstellung Marias mit dem göttlichen Jesus bedeute eine Vergöttlichung der Mutter Jesu.

Warum aber gilt nach wie vor eine „Miterlöserin Maria" bei vielen Christen und christlichen Theologen als Sakrileg? Stephen Benko war Professor an der „Temple University of Philadelphia" (Fachbereich Religion und Philosophie) und der „California State University Fresno" (Antike Geschichte). Mit seinen Büchern regte er vor allem in Theologenkreisen heftige Diskussionen aus. Benko, Spezialist für das frühe Christentum und dessen heidnisches Umfeld, geht streng wissenschaftlich zu Werke, wenn er die Quellen des Christentums erforscht. In seinen Werken „The Virgin Goddess: Studies in the Pagan and Christian Roots of Mariology" („Die jungfräuliche Göttin: Studien über die heidnischen und christlichen Wurzeln der Marienkunde") und „Pagan Rome and the Early Christians" („Das heidnische Rom und die frühen Christen") verfolgt er die Spur Marias in die Vergangenheit. Und siehe da: Maria wird zur Himmelskönigin, so wie Artemis, Astarte, Celeste, Ceres, Cybele, Demeter, Diana, Ischtar, Isis und Selene in der heidnischen Welt himmlische Muttergöttinnen waren. Lange vor den frühesten Zeiten des Christentums wurden im Mittelmeerraum Muttergöttinnen als Himmelsgöttinnen verehrt.

Im „Katechismus der katholischen Kirche" (Artikel 9, Absatz 6/ 975) heißt es: „Wir glauben, dass die heiligste Muttergottes, die neue Eva, die Mutter der Kirche, im Himmel ihre Mutterschaft an den Gliedern Christi fortsetzt." Vermutlich wussten die Verfasser des aktuellen katholischen Katechismus gar nicht, wie zutreffend ihre Aussage ist: Maria ist tatsächlich eine zweite Eva, aber das ganz im heidnischen Sinne: die Himmelskönigin in neuem, christlichen Gewand! Stephen Benko: „Ich stelle fest, dass es eine direkte, ungebrochene und klar erkennbare

Verbindung gibt zwischen den Kulten der antiken Göttinnen bis hin zur Verehrung und dem daraus entsprungenen Kult der Jungfrau Maria."

Die Muttergöttin Eva wurde im „Alten Testament" der Bibel zur menschlichen Sünderin, die sich vom Teufel verführen lässt. Als christianisierte Himmelsgöttin Maria kehrt sie zurück.

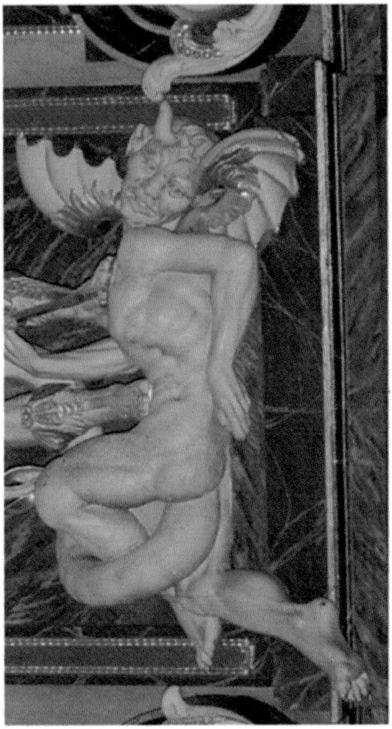

Abb. 6 und 7:
Engel tötet den „Teufel" im Kloster zu Marienmünster

Abb. 8 und 9:
Teufel am Altar an der Marktkirche von Hannover

Abb. 10: Der Teufel im Höllenschlund, Marienkirche, Bad Segeberg

Der Gott des Zorns: Vom Geheimnis des Dornbuschs

Als junger Mann hütete Moses einst – so berichtet die Bibel im 2. Buch Mose (Kapitel 3, Verse 1-22) – die Schafe seines Schwiegervaters. Moses' Volk war, folgt man der Geschichtsschreibung der Bibel, damals versklavt. In Ägypten mussten die verschleppten Kinder Gottes härteste Frondienste leisten. Am Berg Horeb soll sich dann Wundersames ereignet haben: Moses will einen brennenden „Dornbusch" gesehen haben, dem die Flammen nichts anhaben konnten.

Seit Jahrhunderten versuchen Theologen rationale Erklärungen für scheinbar Übernatürliches zu finden. Sie übersehen dabei allerdings, dass es den Autoren mehr um tiefere Wahrheit als um historische Anekdoten gegangen sein mag. Die „natürlichen Erklärungen" halten aber nicht immer einer Überprüfung stand. Angeblich gibt es eine einfache Erklärung für das wundersame Phänomen des „brennenden Dornbuschs". Demnach sah Moses einen Strauch der Gattung „Dictamus albus". Als „Spechtwurz" gedeiht diese Pflanze auch in Deutschland, nämlich an felsigen Hängen im Rhein-Main-Donau-Gebiet. Die Pflanze wächst bevorzugt auf kalkhaltigem Boden und schätzt Trockenheit und Hitze. Zahlreiche Öldrüsen, mit denen „Dictamus albus" förmlich übersät ist, scheiden ein ätherisches Öl aus. Und das kann sich bei großer Sonnenhitze von selbst entzünden und auflodern. Was in Deutschland eher ein Kuriosum ist, gehört in der Wüste zur alltäglichen Normalität.

Der „brennende Dornbusch" in der Wüste war demnach ein ganz natürliches Phänomen. Die eigenartige Pflanze muss dem Moses, einem Kind der Wüste, bekannt und vertraut gewesen sein. Für Moses war der „brennende Busch", dem das Feuer nichts anhaben konnte, kein unbegreifliches Phänomen. Warum ist er dann aber so verblüfft? Warum staunt er dann? Seine Reaktion passt in keiner Weise zum erfahrenen Sohn der Wüste Moses (2. Buch Mose Kapitel 3, Vers 3): „Da sprach er: Ich will hingehen und die wundersame Erscheinung besehen, warum der Busch nicht verbrennt."

Das weitere Geschehen ist in einem ganz zentralen Punkt sehr widersprüchlich. Zunächst heißt es (2. Buch Mose Kapitel 3, Vers 2): „Und der Engel Jahwes erschien ihm in einer feurigen Flamme aus dem Dornbusch. Und er sah, dass der Busch im Feuer brannte und doch nicht verzehrt wurde.“ Ein „Engel Jahwes“ macht sich im brennenden Busch bemerkbar, also ein Gesandter Gottes. Nach biblischem Verständnis überbrachten Engel den Menschen Botschaften oder Befehle Gottes. Wenige Worte später wird aus dem Engel Jahwes Gott Jahwe selbst (2. Buch Mose Kapitel 3, Vers 4): „Als aber Jahwe sah, dass er (Moses) hinging, um zu sehen, rief Gott ihn aus dem Busch und sprach: Mose, Mose! Er antwortete: Hier bin ich.“ Auf wundersame Weise wird also aus dem „Engel Jahwes“ Jahwe selbst.

Offensichtlich handelte es sich beim „brennenden Dornbusch“ nicht um ein alltägliches Naturphänomen. Vielmehr wollte der Bibelautor dem von ihm propagierten Jahwe einen möglichst imposanten Auftritt verschaffen. Der allmächtige Jahwe sollte, den Gesetzen der Natur trotzend, aus einem brennenden Busch heraus sprechen, dem die heißen lodernden Flammen nichts anhaben konnten? Sollte etwa der biblische Gott als eine Art Zauberer auftreten, der den angsterfüllten Moses mit einem Trick beeindrucken wollte? Prof. Georg Fohrer (1915-2002), Verfasser von Standardwerken wie „Einleitung in das Alte Testament“ und einer der großen Theologen des 20. Jahrhunderts, betont die tiefere Bedeutung des „brennenden Dornbuschs“. Moses erlebt das scheinbar übernatürliche Phänomen (Georg Fohrer: „Das Alte Testament“, Teil 1, S. 25): „weil in der Erzählung vom brennenden Dornstrauch das hebräische Wort senä ›Dornstrauch‹ auf den Sinai, den Gottesberg in der Wüste, hinweist.“ Prof. Fohrer weiter: „Dort wird dem Mose auch der Gottesname Jahwe enthüllt.“

Das unheimliche Feuer, das lodert und doch nicht verbrennt, steht symbolisch für die Gegenwart Gottes. Der Dornbusch „senä“ weist auf den heiligen Gottesberg im Sinai hin, auf den Gott im Feuer herabsteigt (2. Buch Mose Kapitel 18, Vers 18): „Der ganze Berg Sinai aber rauchte, weil Jahwe auf den Berg herabfuhr im Feuer; und der Rauch stieg auf wie der Rauch von einem Schmelzofen und der ganze Berg bebte sehr.“

Ein Gott, der aus einem Busch spricht, mag dem heutigen Zeitgenossen befremdlich erscheinen. Zu biblischen Zeiten allerdings war das ganz anders. Mysteriös war für den Menschen vor drei bis vier Jahrtausenden nicht die Tatsache, dass eine göttliche Stimme aus dem Busch sprach. Neu aber war es, dass sich ein männlicher Gott auf diese Weise meldete. Denn ursprünglich waren Baum und Busch der Göttin vorbehalten. Othmar Keel schreibt in seinem theologischen Fachbuch „Schöpfung“ (Göttingen 2002, S. 58): „Hebräisch elah bedeutet ›mächtiger Baum‹, aber auch ›Göttin‹. In der Ikonographie Palästinas/ Israels wird ab der Mitte des zweiten Jahrtausends vor Christus der Baum zu einer Substitution der Göttin.“

Mit anderen Worten: Ursprünglich wurden Baum/ Busch mit der Göttin gleichgesetzt. Moses hätte also eine Göttin erwartet, die aus dem brennenden Busch zu ihm spricht und keinen männlichen Gott. Es sieht ganz so aus, als habe der Autor der bekannten Dornbuschgeschichte ganz gezielt seinen männlichen Gott an die Stelle der weiblichen Gottheit gesetzt. So verrät der biblische Bericht auch hier, dass der patriarchalische Gott die matriarchalische Göttin verdrängt hat. Leider wird auch heute noch von theologischer Seite gern die Existenz des älteren Göttinnen-Glaubens verleugnet. Ein weiterer Sachverhalt wird von theologischer Seite meist bestritten: Die Rolle der Göttin von einst wurde im christlichen Glauben katholischer Prägung von Maria übernommen. Offenbar war die Göttin von einst so stark im Bewusstsein der Menschen verankert, dass ihr ein „biblisches“ Gewand übergestülpt werden musste. Die Göttin ist wohl so tief im menschlichen Denken verankert, dass sie nicht wirklich aus den Köpfen der Menschen vertrieben werden kann.

In „heidnischen Zeiten“ war die Göttin „im Busch“. Der Jahwe-Kult versuchte sie durch Jahwe zu ersetzen, übernahm alte Glaubensbilder aus dem Matriarchat. Im christlichen Volksglauben kehrte die alte Göttin wieder zurück: als Eva, der Mutter alles Lebenden ebenso wie als die Gottesmutter Maria. Maria nimmt wieder die Position der heidnischen Göttin ein: als Gottes-Mutter. Das macht die sakrale Kunst besonders deutlich. Drei Beispiele sollen genügen:

In der „St. Jakobus-Kirche“ von Urschalling (am Chiemsee) entstand im 14. Jahrhundert das Freskengemälde von Moses und dem Dornbusch. Moses deutet auf den Dornbusch. Doch nicht Jahwe befindet sich im brennenden Busch, sondern Maria mit dem Jesuskind. Eine Mutter mit göttlichem Kind war nach vorchristlicher Deutung immer die Muttergöttin.

In der Kathedrale von Saint-Sauvenier in Aixe-en-Provence (Frankreich) wird ein ganz besonderes religiöses Tryptichon verehrt. König

René gab das Kunstwerk vor mehr als einem halben Jahrtausend in Auftrag. Nicolas Froment hat 1476 das Kunstwerk geschaffen. Im Mittelpunkt steht Maria mit dem Jesuskind – im brennenden Dornbusch.

Sehr viel Jünger ist das Fresko in der Stadtpfarrkirche „Maria Dorn“ in Feldkirchen (Kärnten, Österreich). Es entstand im 19. Jahrhundert und zeigt das „verfremdete Dornbusch-Motiv“: wiederum mit Maria mit dem Jesuskind an Jahwes Stelle.

Jahwe sollte vor Jahrtausenden die Göttin verdrängen. Im Volksglauben des Katholizismus lebt sie auch zu Beginn des dritten nachchristlichen Jahrtausends weiter.

Ein „übernatürliches Gottesfeuer“ bildet den angemessenen Rahmen für die Selbstoffenbarung Jahwes (2. Buch Mose Kapitel 3, Vers 14): „Gott sprach zu Mose: Ich werde sein, der ich sein werde. Und sprach: So sollst du zu den Israeliten sagen: ›Ich werde sein‹, der hat mich zu euch gesandt.“ So lautet der Text in der offiziellen Lutherausgabe der Bibel von 1984. Die revidierte „Elberfelder Ausgabe“ der Bibel hingegen übersetzt den Gottesnamen Jahwe nicht mit „Ich werde sein“, sondern als „Ich bin, der ich bin.“. Gleichzeitig räumt aber die „Elberfelder“ ein, es könne auch „Ich werde sein, der ich sein werde.“ Sehr viel kürzer ist die Übersetzung „Schlachter 2000“: „Ich bin.“ Christliche wie jüdische Bibelinterpreten sind sich einig. Benno Jakob, ein jüdischer Bibelinterpret des frühen 20. Jahrhunderts, übersetzt: „Ich werde es sein, der ich sein werde.“ Und die gelehrten Juden Martin Buber und Franz Rosenzweig verdeutschen den Namen Jahwe so: „Ich werde da sein, als der ich da sein werde.“

Alle diese „Übersetzungen“ gehen davon aus, dass sich der Gottesname Jahwe auf das hebräische Tätigkeitswort „haja“, zu Deutsch „sein“ zurückführen lässt. Dieses Verständnis von „Jahwe“ mag schon sehr alt sein. Ursprünglich war es die Göttin, die als zeitlos und ewig galt: wie die Natur, die sich im ewigen Kreislauf stets erneuert.

Die Göttin wurde durch den männlichen Gott Jahwe ersetzt. Es genügte aber nicht, dass Jahwe nur als Sieger über die Göttin angesehen wurde. Denn damit hätte man akzeptiert, dass es vor dem männlichen Jahwe die weibliche Göttin gab. Dann wäre Gott Jahwe nicht der wahre Ursprung, sondern nur ein Nachfolger der Göttin. Wenn aber vor Jahwe die Göttin herrschte, war dann sie die wahre Schöpferin des Universums? Das durfte nicht sein! Die Göttin hatte vollkommen zu verschwinden. Jahwe musste ewig und zeitlos sein. Der Gottesname Jahwe kam den Anhängern des vermeintlich ewigen männlichen Gottes scheinbar sehr entgegen. Sie interpretierten ihnen genehme Aussagen in den Namen, indem sie „Jahwe“ auf das Verb „haja“, „sein“ zurückführten und übersetzten: „Ich bin, der ich bin.“ und „Ich werde sein, der ich sein werde“ stehen für einen Jahwe, der schon immer war und auch immer sein wird.

Aber auch wenn es aus Theologenkreisen viele Stimmen für den „ewigen“ Jahwe gibt, muss diese Interpretation keineswegs richtig sein. Prof. Georg Fohrer, er konvertierte nach seiner Pensionierung im Jahre 1979 vom Christentum zum Judentum und zog nach Jerusalem, war vorsichtiger als viele seiner Kollegen. Er bezeichnete die Übersetzung des Namens „Jahwe“ mit „Ich bin, der ich bin.“ als „vorläufig“. Mit anderen Worten: Prof. Fohrer ging davon aus, dass die Übersetzung „Ich bin, der ich bin“ und ähnliche Varianten keineswegs richtig sein müssen. Und in der Tat ist die „haja“-Erklärung umstritten. Wahrscheinlicher basiert „Jahwe“ auf dem hebräischen Wort „hawwa“, zu Deutsch „schnauben“. Der Gottesname Jahwe weist demnach nicht auf ewiges Sein, sondern auf Schnauben, Toben, auf Zorn hin. Im Dornbusch verbirgt sich – und das ist das eigentliche Geheimnis – nicht der „ewige“, sondern der Gott des Zorns. Wer den „Zorn“ im Gottesnamen Jahwe kennt, übersieht nicht so leicht die patriarchalische Härte Jahwes.

Von zentraler Bedeutung in der Bibel ist die Geschichte von der Errettung des Volkes der Israeliten aus ägyptischer Sklaverei. Der „liebe Gott“ handelt aber bei dieser bedeutsamen Geschichte alles andere als „lieb“, sondern widersprüchlich, geradezu schizophren: als ein unberechenbarer, zorniger Gott.

Nach dem Bericht der Bibel war die Situation der Israeliten höchst prekär: sie wurden – so die Bibel – von den Ägyptern als Sklaven gehalten. Gott Jahwe (2. Buch Mose Kapitel 2, Verse 24 und 25) „erhörte ihr Wehklagen und gedachte seines Bundes mit Abraham, Isaak und Jakob. Und Gott sah auf die Israeliten und nahm sich ihrer an.“ Gott Jahwe tritt als „deus ex machina“ auf, der „sein Volk“ aus der Sklaverei führen wird. Dabei wird allerdings gern übersehen, dass es letztlich

Gott Jahwe selbst war, der dafür sorgte, dass Israel in die Knechtschaft geriet!

Joseph, so schildert es die Bibel (1. Buch Mose Kapitel 37) tritt seinen Geschwistern und seinem Vater gegenüber arrogant auf. Sie würden, so prophezeit er aus seinen Träumen, sich einmal untertänig vor ihm verneigen. Empört über diese Anmaßung beschließen die Brüder Josephs Tod (1. Buch Mose Kapitel 37, Verse 18-20): „Als sie ihn nun sahen von ferne, ehe er nahe zu ihnen kam, machten sie einen Anschlag, dass sie ihn töteten, und sprachen untereinander: Seht, der Träumer kommt daher! So kommt nun und lasst uns ihn töten und in eine Grube werfen und sagen, ein böses Tier habe ihn gefressen."

Dann bietet die Bibel zwei widersprüchliche Varianten über die Rettung Josephs. Nach der einen Version werfen sie ihn in einen leeren Brunnen und verkaufen ihn an eine Karawane. Nach der anderen Version wird Joseph von der Karawane im Brunnen entdeckt und befreit. Joseph kommt so nach Ägypten, wird unschuldig ins Gefängnis geworfen, steigt aber rasch zum zweiten Mann im Riesenreich auf. Dank seiner prophetischen Gabe warnt Joseph den Pharao: Auf sieben fette Erntejahre würden sieben Hungerjahre folgen. Der Pharao lässt daraufhin die Kornspeicher seines Landes füllen. Dann lässt Jahwe eine Hungersnot ausbrechen. Die Ägypter sind gut vorbereitet und leiden keine Not. Den Israeliten aber droht der Hungertod. Sie überleben nur dank des ägyptischen Getreides. Das allerdings wird ihnen nicht etwa geschenkt, sondern verkauft. Die Israeliten verhungern nicht, verlieren aber alles Hab und Gut, schließlich sogar die Freiheit.

Die Bibel hält ausdrücklich fest, dass es Gott Jahwe selbst ist, der die Hungerkatastrophe schickt (1. Buch Mose Kapitel 41, Verse 30-32): „Und nach ihnen werden sieben Jahre des Hungers kommen, sodass man vergessen wird alle Fülle in Ägyptenland. Und der Hunger wird das Land verzehren, dass man nichts wissen wird von der Fülle im Lande vor der Hungersnot, die danach kommt; denn sie wird sehr schwer sein. Dass aber dem Pharao zweimal geträumt hat, bedeutet, dass Gott solches gewiss und eilends tun wird." Damit sorgt Jahwe zunächst also selbst dafür, dass „sein Volk" in die Sklaverei kommt. Denn sein Volk muss Hab und Gut, schließlich sich selbst an Ägypten verkaufen, um nicht zu verhungern. Und dann verkündet Jahwe dem Moses, dass er den Pharao mit brachialer Gewalt zwingen wird, sein Volk wieder ziehen zu lassen (2. Buch Mose Kapitel 3, Vers 20): „Daher werde ich meine Hand ausstrecken und Ägypten schlagen mit all den Wundern, die ich darin tun werde. Danach wird er euch ziehen lassen.“

Jahwe kreiert selbst die Hungerkatastrophe und sorgt dann dafür, dass die Ägypter Nahrungsvorräte anlegen. Und er arrangiert, dass die Israeliten aus den Kornkammern Ägyptens verpflegt werden, gegen Bezahlung. Als sie kein Hab und gut mehr haben, müssen sie sich selbst verkaufen. Sie geraten so durch Jahwes Schuld in die Sklaverei. Und dann verspricht Jahwe, den Pharao mit brachialer Gewalt zu zwingen, „seinem Volk“ die Freiheit zu schenken. Warum hat er es dann erst in die Sklaverei gebracht? Nebenbei fordert er sein Volk zum Diebstahl auf (2. Buch Mose Kapitel 3, Verse 31 und 22): „Auch will ich diesem Volk Gunst verschaffen bei den Ägyptern, dass, wenn ihr auszieht, ihr nicht leer auszieht, sondern jede Frau soll sich von ihrer Nachbarin und Hausgenossin silbernes und goldenes Geschmeide und Kleider geben lassen. Die sollt ihr euren Söhnen und Töchtern anlegen und von den Ägyptern als Beute nehmen.“

Jahwe lässt nach dem biblischen Bericht ein wahres Inferno über Ägypten hereinbrechen. Eine Plage folgt auf die andere, eine Katastrophe wird schlimmer als die andere. Mit brutaler Härte peinigt Jahwe die Ägypter, zerstört nach und nach ihre Lebensgrundlage und nimmt ihnen fast alles:

- Das Wasser des Nils verwandelt sich in Blut und wird ungenießbar (2. Buch Mose Kapitel 7, Vers 20),
- das gesamte Land wird von Fröschen förmlich überschwemmt (2. Buch Mose Kapitel 8, Vers 1),
- Stechmücken peinigen Mensch und Tier (2. Buch Mose Kapitel 8, Vers 13),
- Ungeziefer macht Mensch und Tier das Leben zur Hölle (2. Buch Mose Kapitel 8, Vers 16),
- Viehpest rafft Pferde, Kamele, Rinder und Schafe dahin (2. Buch Mose Kapitel 9, Vers 3),
- ekelhafte Geschwüre brechen bei Mensch und Tier aus (2. Buch Mose Kapitel 9, Vers 10),
- eine Hagelkatastrophe verwüstet das Land und tötet Menschen und Tiere (2. Buch Mose Kapitel 9, Vers 23),

- Heuschrecken vertilgen alles Genießbare (2. Buch Mose Kapitel 10, Vers 12),
- eine unheimliche Finsternis taucht das Land in Dunkelheit (2. Buch Mose Kapitel 10, Vers 21) als ob das Ende der Zeit begonnen habe und
- die Erstgeborenen von Mensch und Vieh sterben (2. Buch Mose Kapitel 11, Vers 4).

Die Härte, mit der Jahwe gegen die Ägypter vorgeht, lässt ihn als besonders grausamen Gott erscheinen. Aber es ist geradezu bizarr, dass Jahwe selbst den Pharao nach jeder schlimmen Plage daran hindert, das Volk der Israeliten aus der Sklaverei zu entlassen (Das 2. Buch Mose Kapitel 11, Vers 10): „Und Mose und Aaron haben diese Wunder alle getan vor dem Pharao; aber Jahwe verstockte ihm das Herz, so dass er die Kinder Israel nicht ziehen ließ aus seinem Lande." Mit anderen Worten: Der Pharao hätte schon bald aufgegeben und die Israeliten in die Freiheit entlassen. Aber Jahwe hat nach jeder Plage den Pharao am Nachgeben gehindert, um immer schlimmere Plagen folgen zu lassen.

Erst nach der zehnten Plage, der auch der erstgeborene Sohn des Pharaos zum Opfer fällt, gibt Jahwe nach. Jetzt lässt der Herrscher Ägyptens Jahwes Volk gehen. Damit wäre eigentlich das „Kapitel Ägypten" für die Israeliten abgeschlossen gewesen, hätte nicht Jahwe wieder eingegriffen. Es ist wieder Jahwe selbst, der noch einmal den Pharao aufhetzt. Jahwe selbst bringt den Pharao dazu, das Volk der Israeliten, das sich schon in Freiheit wähnte, zu verfolgen (Das 2. Buch Mose Kapitel 14, Verse 1-8):

„Und Jahwe redete mit Mose und sprach: Rede zu den Israeliten und sprich, dass sie umkehren und sich lagern bei Pi-Hahirot zwischen Migdol und dem Meer, vor Baal-Zefon; diesem gegenüber sollt ihr euch lagern. Der Pharao aber wird sagen von den Israeliten: Sie haben sich verirrt im Lande; die Wüste hat sie eingeschlossen. Und ich will sein Herz verstocken, dass er ihnen nachjage, und will meine Herrlichkeit erweisen an dem Pharao und aller seiner Macht, und die Ägypter sollen innewerden, dass ich der Herr bin. Und sie taten so. Als es dem König von Ägypten angesagt wurde, dass das Volk geflohen war, wurde sein Herz verwandelt und das Herz seiner Großen gegen das Volk und sie sprachen: Warum haben wir das getan und haben Israel ziehen lassen, sodass sie uns nicht mehr dienen? Und er spannte seinen Wagen an und nahm sein Volk mit sich und nahm sechshundert auserlesene Wagen und was sonst an Wagen in Ägypten war mit Kämpfern auf jedem Wagen. Und Jahwe verstockte das Herz des Pharao, des Königs von Ägypten, dass er den Israeliten nachjagte."

Jahwe ist alles andere als ewig und beständig. Er scheint sehr große Freude am Peinigen zu haben: So hetzt er „seinem" Volk den Pharao und seinem mächtigen Heer hinterher, versetzt die Israeliten in Todesängste, um dann das ägyptische Heer durch ein Wunder bei der Durchquerung des „Schilfmeeres" brutal auszulöschen. Durch ein Wunder lässt Jahwe zunächst die Fluten des Meeres zurückweichen, so dass „sein Volk" fliehen kann. Der Pharao setzt mit seinem Heer nach und die Wassermassen stürzen über der gewaltigen Streitmacht zusammen. In der Luther-Übersetzung heißt es (Fassung von 1984) (2. Mose Kapitel 15, Verse 4-7): „Des Pharao Wagen und seine Macht warf er ins Meer, seine auserwählten Streiter versanken im Schilfmeer. Die Tiefe hat sie bedeckt, sie sanken auf den Grund wie die Steine. Herr (Jahwe), deine rechte Hand tut große Wunder; Herr (Jahwe), deine rechte Hand hat die Feinde zerschlagen. Und mit deiner großen Herrlichkeit hast du deine Widersacher gestürzt; denn als du deinen Grimm ausließest, verzehrte er sie wie Stoppeln."

Die „Revidierte Elberfelder"-Bibel ist etwas genauer. Vers 7 wird da wie folgt wiedergegeben: „Und in der Fülle deiner Hoheit wirfst du nieder, die sich gegen dich erheben. Du lässt los deine Zornesglut: sie verzehrt sie wie Strohstoppeln." Sehr nah am Originaltext bleibt „Die vierundzwanzig Bücher der Heiligen Schrift" in der Übersetzung von Leopold Zunz" (2. Buch Mose Kapitel 15, Vers 7): „Und in der Größe Deiner Hoheit hast du niedergerissen deine Gegner, du hast losgelassen deine Zornglut, sie hat sie verzehrt wie Stoppeln."

Vers 8 mutet bei Luther seltsam an: „Durch dein Schnauben türmten die Wasser sich auf, die Fluten standen wie ein Wall; die Tiefen erstarrten mitten im Meer." Korrekter ist wieder die „Revidierte Elberfelder"-Bibel: „Beim Schnauben deiner Nase türmte sich das Wasser, die Strömungen standen wie ein Damm, die Fluten gerannen im Herzen des Meeres." Für den modernen Zeitgenossen mutet das Bild von Gott mit „schnaubender Nase" fremdartig und naiv an. Eine Fußnote erklärt, was mit dem „Schnauben“ des göttlichen Riechorgans gemeint ist: Jahwes Zorn! Der hebräische Begriff „’af“ bedeutet einerseits „Nase“, steht aber im übertragenen Sinne für den Zorn.

Luther lässt in seiner Übersetzung Gottes Zorn verschwinden ... die zentrale Eigenschaft Jahwes. Jahwe war kein „ewiger“, schon gar kein allmächtiger Gott. Er war ursprünglich ein lokaler Sturmgott, dessen Name erst im zweiten vorchristlichen Jahrtausend aufkam. Im christlichen Glauben wurde er zum „lieben Gott“ fast bis zur Unkenntlichkeit verfälscht. Der biblische Jahwe ist alles andere als lieb.

Der Theologe Johannes Fichtner verfasste für das „Theologische Wörterbuch zum Neuen Testament“ eine wissenschaftliche Abhandlung mit dem Titel „Der Zorn Gottes im Alten Testament“ (Band V, 1954/ S. 395-411). Er ging der Frage nach, in welchem Zusammenhang Verben des Zorns verwendet werden. Sein Ergebnis: Von 455 „Zornverben“, die im „Alten Testament“ vorkommen, beziehen sich weitaus die meisten, nämlich 375, auf Gott, aber nur 80 auf den Menschen! Mit anderen Worten: Jahwe wird im „Alten Testament“ vor allem als ein Gott des Zornes dargestellt.

Den im christlichen Abendland zum Stereotyp verfälschten und von vielen Christen verinnerlichten „lieben Gott“ finden wir nicht in der Bibel. Wir begegnen aber immer wieder dem zornigen Jahwe. Voller Bewunderung preist das Buch Richter Gott Jahwe (Kapitel 5, Verse 3-5): „Hört zu, ihr Könige, und merkt auf, ihr Fürsten! Ich will singen, dem Herrn (Jahwe) will ich singen, dem Herrn (Jahwe), dem Gott Israels, will ich spielen. Herr (Jahwe), als du von Seïr auszogst und einhergingst vom Gefilde Edoms, da erzitterte die Erde, der Himmel troff, und die Wolken troffen von Wasser. Die Berge wankten vor dem Herrn (Jahwe), der Sinai vor dem Herrn (Jahwe), dem Gott Israels.“

Zwischen Ortsnamen, die uns nichts mehr sagen, blitzt eines der ältesten Bilder von Jahwe auf: vom Gott, dessen Fußstapfen die Erde erbeben lassen. Mit Macht, die eher an einen Kampfroboter aus einem heutigen Science-Fiction als an einen liebenden Gott erinnert, lässt Jahwe die Erde erzittern (siehe auch Psalm 68, Vers 18!). Das verwundert nicht, verfügt Jahwe doch über eine unvorstellbar große militärische Macht ... nach den Lobgesängen seiner Propagandisten. Mit Kampfwagen steht er seinen Anhängern zur Seite, wer ihn ablehnt, wird mit grimmigem Zorn brutal vernichtet (Psalm 68, Verse 18-22): „Gottes (Jahwes) Wagen sind vieltausendmal tausend; der Herr (Jahwe) zieht ein ins Heiligtum vom Sinai her. Du (Jahwe) bist aufgefahren zur Höhe und führtest Gefangene gefangen; du (Jahwe) hast Gaben empfangen unter den Menschen; auch die Abtrünnigen müssen sich, Gott, vor dir bücken. Gelobt sei der Herr täglich. Gott legt uns eine Last auf, aber er hilft uns auch. Ja, Gott (Jahwe) wird den Kopf seiner Feinde zerschmettern, den Schädel der Gottlosen, die da fortfahren in ihrer Sünde.“ Jahwe wird – so wird versprochen – siegen, mit ihm seine getreuen Anhänger (Vers 24), die im Blut der Feinde baden dürfen. In seiner zornigen Raserei entspricht der biblische Jahwe ganz dem zornigen, rasenden Gott der Ägypter, Seth. Nach Hiob (Kapitel 9) kann der biblische Gott willkürlich streiten – und im Universum wüten (Hiob Kapitel 9, Verse 5 und 6): „Er versetzt Berge, ehe sie es innewerden; er kehrt sie um in seinem Zorn. Er bewegt die Erde von ihrem Ort, dass ihre Pfeiler zittern.“

Das „Alte Testament“ wird gern zitiert, um Gott als lieb und menschenfreundlich erscheinen zu lassen. Dabei wird geflissentlich übersehen, dass der Gott des „Alten Testaments“ ein zorniger Gott ist. Jahwes Zorn richtet sich auch gegen Moses, ihm (2. Buch Mose Kapitel 4, Vers 24) „kam der Herr (Jahwe) entgegen und wollte ihn töten“. Den Jakob überfällt Gott gar in der Nacht. Er rang mit ihm (1. Buch Mose Kapitel 32, Vers 25) „bis die Morgenröte anbrach“. Gott schwächelt, er kann Jakob nicht besiegen, greift schließlich zu unfairen Mitteln (Vers 26): Er „schlug ihn auf das Gelenk seiner Hüfte, und das Gelenk Jakobs wurde über dem Ringen mit ihm (Gott!) verrenkt.“ Schließlich bittet Gott, Jakob, er möge ihn doch gehen lassen. Jakob zwingt Gott, ihn zu segnen. Erst dann lässt er Gott frei. Selbst im Lobpreis Gottes wird auf seinen Zorn hingewiesen (Psalm 77, Vers 10): „Hat Gott vergessen, gnädig zu sein, oder sein Erbarmen im Zorn verschlossen?“ Selbst Hiob (Kapitel 21, Verse 17 und 18), nach der Bibel einer der frömmsten und gottgläubigsten Menschen überhaupt, moniert, dass der Zorn Gottes oft gerade die Gottlosen verschont. So ist es kein Wunder, dass selbst Gottesfürchtige Angst vor der Unberechenbarkeit des biblischen Gottes haben, wie etwa König David (2. Buch Samuel Kapitel 6, Vers 9).

Den Grimm Jahwe müssen nicht nur Abtrünnige fürchten. Gottes Zorn gilt allen Menschen, wie das Psalm 90 sehr deutlich zum Ausdruck bringt (Verse 3-9): „Der du die Menschen lässest sterben und sprichst: Kommt wieder, Menschenkinder! Denn tausend Jahre sind vor dir wie der Tag, der gestern vergangen ist, und wie eine Nachtwache. Du lässest sie dahinfahren wie einen Strom, sie sind wie ein Schlaf, wie ein Gras, das am Morgen noch sprosst, das am Morgen blüht und sprosst und des Abends welkt und verdorrt. Das macht dein Zorn, dass wir so vergehen, und dein Grimm, dass wir so plötzlich dahinmüssen. Denn unsre Missetaten stellst du vor dich, unsere unerkannte Sünde ins Licht vor deinem Angesicht. Darum fahren alle unsre Tage dahin durch deinen Zorn, wir bringen unsre Jahre zu wie ein Geschwätz." Prof. Dr. theol. Ralf Miggelbrink stellt in seinem heftig diskutierten Werk „Der Zorn Gottes/ Geschichte und Aktualität einer ungeliebten biblischen Tradition (Freiburg 2000, S. 67) klar: „Auch der 90. Psalm, der klagend die Vergänglichkeit des Menschen der Ewigkeit Gottes gegenüberstellt, sieht einen zornigen Gott als Ursache der Kürze des menschlichen Lebens (Psalm 90, Vers 7). Die ethische Legimitation dieses göttlichen Zornes durch Vers 8 wirkt wenig überzeugend, sind es doch offensichtlich alle Menschen, die vor Gott schuldig und deshalb todverfallen sind."

Der Zorn Jahwes muss nach der Bibel von den Menschen als ständige Bedrohung gefürchtet werden. Verwüstungen und schlimmste Not sind die Folgen, wenn sich Gottes Grimm über die Menschen entlädt (Jeremia Kapitel 25, Verse 36-38): „Da werden die Hirten schreien, und die Herren der Herde werden heulen, dass der Herr (Jahwe) ihre Weide so verwüstet hat und ihre Auen, die so schön standen, vernichtet sind von dem grimmigen Zorn des Herrn (Jahwe). Er hat sein Versteck verlassen wie ein junger Löwe, und ihr Land ist verheert von seinem gewaltigen Schwert und von seinem grimmigen Zorn." Jesaja (Kapitel 13, Vers 13) malt eine düstere Zukunft: „Darum will ich den Himmel bewegen, und die Erde soll beben und von ihrer Stätte weichen durch den Grimm des Herrn Zebaoth (also des allmächtigen Jahwe), am Tage seines Zorns!"

Mag sein, dass eigentlich vor dem biblischen Gott alle Menschen gleich schuldig sind, einige sind aber zweifelsohne, frei nach George Orwell, nicht gleicher, sondern noch schuldiger. Den eigenen Anhängern steht Jahwe bei. Im Kampf gegen die „Bösen" übertrifft Jahwe sogar die grausamen menschlichen Krieger an blutiger Effektivität (Das Buch Josua Kapitel 10, Verse 8-11): „Und der Herr (Jahwe) sprach zu Josua:

Fürchte dich nicht vor ihnen; denn ich habe sie in deine Hände gegeben. Niemand unter ihnen wird vor dir bestehen können. So kam Josua plötzlich über sie; denn die ganze Nacht war er heraufgezogen von Gilgal. Und der Herr (Jahwe) erschreckte sie vor Israel, dass sie eine große Schlacht schlugen bei Gibeon, und sie jagten ihnen nach, den Weg hinab nach Bet-Horon, und schlugen sie bis nach Aseka und Makkeda hin. Und als sie vor Israel flohen den Weg hinab nach Bet-Horon, ließ der Herr große Steine vom Himmel auf sie fallen bis Aseka, dass sie starben. Und von ihnen starben viel mehr durch die Hagelsteine, als die Israeliten mit dem Schwert töteten."

Opfer für die Götter ... Wenn wir, im christlichen Abendland, diesen Ausdruck hören, denken wir schaudernd an Menschenopfer bei „wilden Stämmen" Südamerikas fern von unserer „christlichen Zivilisation". Unbekannt dürfte den meisten Zeitgenossen dabei allerdings sein, dass auch die Bibel Opfer für den Gott des „Alten Testaments" fordert ... und das in geradezu unvorstellbarem Ausmaß. Häufig finden sich in den biblischen Berichten über die blutigen Opfer für Jahwe zahlreiche, für unsere Ohren fremd und kompliziert klingende Namen von Orten und Völkern. Solche Texte werden dann auch von emsigen Bibellesern gern überblättert.

In unseren Tagen gilt der „Heilige Krieg" als furchteinflößendes Privileg islamischer Fundamentalisten. Selbsternannte islamische „Gotteskrieger" meinen mit dem Koran Terroranschläge auf vermeintlich „Ungläubige" begründen zu können. Verschwiegen wird dabei von christlicher Seite gern, dass auch das „Alte Testament" den „Heiligen Krieg" kennt. Den Terminus „Heiliger Krieg" wird man allerdings vergeblich in biblischen Schriften suchen. 1912 wurde im Anhang der lutherischen Bibel eher verschleiernd erklärt: „Bann, die Belegung von Menschen oder Sachen mit einem Fluch, durch den sie dem Zorn Gottes übergeben wurden." Welche Konsequenz hatte dieser Fluch?

Versteckt in den „Sach- und Worterklärungen" der lutherischen Bibel heißt es in jüngeren Ausgaben zum Begriff „Bann" (Stuttgart 1972, S. 6 des Anhangs) deutlicher: „Der Rechtsakt, durch den im heiligen Krieg über Orte mit ihren Bewohnern und ihrem Vieh die Vernichtung verhängt wird; wer zuwiderhandelt, verfällt selbst dem Gericht Gottes." Was in der lutherischen Bibel immer noch beschönigend als „Rechtsakt" bezeichnet wird, erklärt Walter Dietrich für das Internet-"Bibellexikon"

(„Das wissenschaftliche Bibelportal der Deutschen Bibelgesellschaft")so: „Der ›Bann‹ gehört zu den befremdlichsten und erschreckendsten Elementen der Kriegs- und Gewaltschilderungen des Alten Testaments. Er bedeutet die Übereignung aller bzw. alles Gebannten an die Gottheit. Für Lebewesen bedeutet dies die Vernichtung, weshalb man auch von ›Vernichtungsweihe‹ spricht." Was immer noch beschönigend „Vernichtungsweihe" genannt wird, bedeutet in der Realität des „Alten Testamentes" blutiges Gemetzel.

Entsetzt kommentiert der renommierte Theologe Ernest Renan den biblischen „Heiligen Krieg", „Bann" genannt, schon vor mehr als einhundert Jahren („Geschichte des Volkes Israel", Berlin 1894, Band I, Seite 232): „Die menschliche Grausamkeit nahm die Form eines Paktes mit der Göttlichkeit an. Man legte ein feierliches Gelöbnis ab, alles zu töten und verbot damit sich selbst, der Vernunft oder dem Mitleid Folge zu leisten. Man weihte eine Stadt oder ein Land der Vernichtung und glaubte, Gott zu beleidigen, wenn man den gräulichen Eid nicht hielt."

Dem „Bann" zum Opfer fallen konnte jeder, der an einen anderen Gott als Jahwe glaubte (2. Mose Kapitel 22, Vers 19): „Wer den Göttern opfert und nicht dem Herrn (Jahwe) allein, der soll dem Bann verfallen." Im 4. Buch Mose (Kapitel 21, Verse 1-3) lesen wir: „Und als der König von Arad, der Kanaaniter, der im Südland wohnte, hörte, dass Israel herankam auf dem Wege von Atarim, zog er in den Kampf gegen Israel und führte etliche gefangen. Da gelobte Israel dem Herrn (Jahwe) ein Gelübde und sprach: Wenn du dies Volk in meine Hand gibst, so will ich an ihren Städten den Bann vollstrecken. Und der Herr (Jahwe) hörte auf die Stimme Israels und gab die Kanaaniter in ihre Hand und sie vollstreckten den Bann an ihnen und ihren Städten, und man nannte die Gegend Horma." Horma heißt zu Deutsch übrigens „Bann".

Dem „Bann verfallen" oder den „Bann vollziehen", das sind die für heutige Bibelleser unbekannte Begriffe. Manche meinen, es gehe um eine Art Opfer für den biblischen Gott, die dieser Gott von seinen Getreuen forderte. Was ist unter diesem „Bann" zu verstehen, der immer wieder im „Alten Testament" auftaucht? Im Buche Josua zum Beispiel (Kapitel 6, Vers 17) lesen wir: „Aber diese Stadt und alles, was darin ist, soll dem Bann des Herrn (Jahwe) verfallen sein!" Im 5. Buch Mose (Kapitel 2, Verse 31 – 34) heißt es: „Und der Herr sprach zu mir: Siehe, ich habe angefangen, Sihon mit seinem Lande vor deinen Augen dahinzugeben. Fangt ihr an, sein Land in Besitz zu nehmen. Und Sihon zog aus uns entgegen mit seinem ganzen Kriegsvolk zum Kampfe nach Jahza. Aber der Herr, unser Gott, gab ihn vor unseren Augen dahin, dass wir ihn schlugen mit seinen Söhnen und seinem ganzen Kriegsvolk. Da nahmen wir zu der Zeit alle seine Städte ein und vollstreckten den Bann an allen Städten, an Männern, Frauen und Kindern, und ließen niemand übrig bleiben."

Nicht minder klar heißt es bei Josua über den „Bann" (Kapitel 10, Verse 9- 11): „ Da tat Josua mit ihnen, was der Herr ihm gesagt hatte, und lähmte die Rosse und brannte ihre Wagen. Und kehrte um zu dieser Zeit und eroberte Hazor und erschlug seinen König mit dem Schwert. Denn Hazor war vorher die Hauptstadt aller dieser Königreiche. Und sie erschlugen alle, die darin waren, mit der Schärfe des Schwerts und vollstreckten den Bann an ihnen, und nichts blieb übrig, was Odem hatte, und er verbrannte Hazor mit Feuer." An anderer Stelle heißt es bei Josua (Kapitel 6, Vers 21): „ Sie vollstreckten den Bann an allem, was in der Stadt war, mit der Schärfe des Schwerts, an Mann und Weib, jung und alt, Rindern, Schafen und Eseln."

Immer wieder wird der biblische Jahwe als grausamer Kriegsgott gezeichnet. Typisch ist die Geschichte vom „Sieg über die Midianiter und die Verteilung der Beute" (4. Buch Mose Kapitel 31). Immer wieder ist es Jahwe selbst, der die Menschen zum Morden antreibt (Verse 7-12): „Und sie zogen aus zum Kampf gegen die Midianiter, wie der Herr (Jahwe) es Mose geboten hatte, und töteten alles, was männlich war. Samt diesen Erschlagenen töteten sie auch die Könige der Midianiter, nämlich Ewi, Rekem, Zur, Hur und Reba, die fünf Könige der Midianiter. Auch Bileam, den Sohn Beors, töteten sie mit dem Schwert. Und die Israeliten nahmen gefangen die Frauen der Midianiter und ihre Kinder; all ihr Vieh, alle ihre Habe und alle ihre Güter raubten sie und verbrannten mit Feuer alle ihre Städte, wo sie wohnten, und alle ihre Zeltdörfer. Und sie nahmen allen Raub und alles, was zu nehmen war, Menschen und Vieh, und brachten's zu Mose und zu Eleasar, dem Priester, und zu der Gemeinde der Israeliten, nämlich die Gefangenen und das genommene Vieh und das geraubte Gut, ins Lager im Jordantal der Moabiter gegenüber Jericho."

Mose empört sich über das Verhalten der Kriegsleute. Aber es ist nicht die Grausamkeit ihrer Taten, die er rügt, sondern ihre in seinen Augen falsche Milde (4. Buch Mose Kapitel 31, Verse 14 und 15): „Und Mose wurde zornig über die Hauptleute des Heeres, die Hauptleute über tausend und über hundert, die aus dem Feldzug kamen, und sprach zu ihnen: Warum habt ihr alle Frauen leben lassen?“ In der Tat, was unter dem Bann war, musste sterben (1. Samuel Kapitel 15, Verse 1-3): „Samuel sprach zu Saul: Der Herr (Jahwe) hat mich gesandt, dass ich dich zum König salben sollte über sein Volk Israel; so höre nun auf die Worte des Herrn! So spricht der Herr Zebaoth: Ich habe bedacht, was Amalek Israel angetan und wie es ihm den Weg verlegt hat, als Israel aus Ägypten zog. So zieh nun hin und schlag Amalek und vollstrecke den Bann an ihm und an allem, was es hat; verschone sie nicht, sondern töte Mann und Frau, Kinder und Säuglinge, Rinder und Schafe, Kamele und Esel.“

Mochte das Bann-Gemetzel noch so grausam sein, es galt es doch als ein „religiöses Ritual“. Als solches musste es wie eine Kulthandlung nach strengen Regeln vollzogen werden. Der „Bann“ musste sich von kriegerischen Eroberungsfeldzügen mit „profan-materiellen“ Zielen unterscheiden.

Anders als militärische Überfälle musste der „Bann“ den Opfern vorab angekündigt werden. Boten mussten ihnen zerhacktes Fleisch überbringen. Die Bedeutung dieses Symbols wird im Buch Samuel (Kapitel 11, Vers 7) erklärt: Wer gegen Jahwe ist, dessen Rinder werden genauso zerstückelt wie das übersandte Fleisch. Allerdings wurden dann nicht nur Rinder zerhackt, sondern auch Menschen ermordet: Mensch und Tier mussten getötet, Hab und Gut vernichtet werden. Etwas kultivierter war eine andere Form der Ankündigung des Banns: es wurden Posaunen geblasen (siehe Richter Kapitel 3, Vers 27 und 1. Buch Samuel Kapitel 13, Vers 3).

Auf die Ankündigung des Banns folgte die militärische Vorbereitung: Die Krieger versammelten sich in Lagern, kultische Reinigungen wurden vollzogen. Auf jeglichen Sex musste verzichtet werden, galt es doch, die „Gerechtigkeit Gottes“ umzusetzen. Die Krieger und ihre Waffen wurden Gott Jahwe geweiht. Somit wurde das Morden zur gottgewollten heiligen Handlung. Aus hartgesottenen Soldaten wurde jetzt das „Volk Gottes“. Schließlich wurde per Orakel „bestätigt“, dass der

Krieg Gottes Zustimmung hatte. Jahwe war zudem selbst im Heerlager präsent. Der Gott des Zorns führte nach dieser Überzeugung selbst Krieg!

Mitleid mit Opfern war nun Handeln gegen Gottes Gebot. Galt der Krieg doch als von Gott selbst gewollt und sanktioniert! Schuldgefühle hätten vielleicht die Schlagkraft der biblischen Bann-Krieger gemindert. Also enthob man sie der persönlichen Verantwortung: Nicht sie töteten, es war vielmehr Jahwe, der durch sie Krieg führte. Wer sich am Gemetzel nicht beteiligen wollte, wurde zum Feind Gottes erklärt. Wer sich der Pflicht zur Tötung des Gegners entzog, ja wer nicht konsequent genug verwüstete und mordete, der war – so lautet die biblische Botschaft (1. Buch Könige Kapitel 20, Verse 35-43) – selbst dem Tod geweiht.

Jegliche Beute musste „zum Schatz des Herrn kommen" (Josua Kapitel 6, Vers 19). Wie aber soll man sich das vorstellen? Wie werden Mensch, Tier und irdische Güter dem Besitz Jahwes einverleibt? Mensch und Tier sowie irdisches Hab und Gut wurden Jahwe „geweiht": Lebendiges wurden getötet, Sachbesitz wurde vernichtet. Wenn sich ein Soldat an der Kriegsbeute bediente, bestahl er nach biblischer Bann-Lehre Gott Jahwe selbst. Die Unterschlagung durch einen einzigen Soldaten würde dazu führen, dass Jahwe das ganze Volk strafte. Achan (Josua Kapitel 7, Verse 12, 24-26) hatte sich persönlich an der Kriegsbeute bereichert. Nur weil Achan, seine Söhne und Töchter, aber auch seine Rinder, Schafe und Esel gesteinigt und verbrannt wurden, so behauptet Josua, wurde Jahwes Zorn gestillt. Andernfalls hätte Jahwe die Kinder Israel ihren Feinden überlassen, sprich dem sicheren Verderben ausgeliefert. Nur wenn alle hart den Bann vollzogen und sich nicht bereicherten, nur dann blieb Jahwe gnädig. Nur dann bekamen Jahwes Anhänger nicht den göttlichen Zorn zu spüren!

Wehe dem, der sich nicht dem biblischen Jahwe unterwirft. Was ihm nach Prophet Jesaja (Kapitel 34, Verse 1-3) blüht, lässt schaudern: „Kommt herzu, ihr Heiden, und höret; ihr Völker, merkt auf! Die Erde höre zu und was sie füllt, der Erdkreis und was darauf lebt! Denn der Herr ist zornig über alle Heiden und ergrimmt über alle ihre Scharen. Er wird an ihnen den Bann vollstrecken und sie zur Schlachtung dahingeben. Und ihre Erschlagenen werden hingeworfen werden, dass der

Gestank von ihren Leichnamen aufsteigen wird und die Berge von ihrem Blut fließen.“

Der tödliche Zorn Jahwes richtet sich aber nicht nur gegen vermeintlich „Ungläubige“, sondern gegen alle Menschen (Amos Kapitel 9, Vers 5): „Denn Gott, der Herr Zebaoth, ist es, der die Erde anrührt, dass sie bebt und alle ihre Bewohner trauern müssen und dass sie sich hebt wie die Wasser des Nils und sich senkt wie der Strom Ägyptens.“

Auch die Lobgesänge des Psalmisten sind keineswegs nur poetisch-fromme Gebete. Auch der Psalmist preist geradezu den Zorn des biblischen Gottes (Psalm 110, Verse 5 und 6): „Der Herr zu deiner Rechten wird zerschmettern die Könige am Tage seines Zorns. Er wird richten unter den Heiden, wird viele erschlagen, wird Häupter zerschmettern auf weitem Gefilde.“

Was für den heutigen Zeitgenossen abstoßend sein muss, das nimmt der Psalmist voller Begeisterung als Anlass zu höchstem Lob. Wer von einem „lieben Gott“ der Bibel spricht, kann die Bibel nicht sehr gut kennen! Jahwe ist in den Augen des Psalmisten allmächtig. Er steht sogar über den Naturgewalten und kann sich deshalb offenbar alles erlauben. Er muss sich niemandem gegenüber rechtfertigen und kann tun und lassen, was er will (Psalm 135, Verse 1-10): „Halleluja! Lobet den Namen des Herrn, lobet, ihr Knechte des Herrn. ... Ja, ich weiß, dass der Herr groß ist und unser Herr über allen Göttern. Alles, was er will, das tut er im Himmel und auf Erden, im Meer und in allen Tiefen; der die Wolken lässt aufsteigen vom Ende der Erde, der die Blitze samt dem Regen macht, der den Wind herausführt aus seinen Kammern; der die Erstgeburten schlug in Ägypten bei den Menschen und beim Vieh und ließ Zeichen und Wunder kommen über dich, Ägyptenland, über den Pharao und alle seine Knechte; der viele Völker schlug und tötete mächtige Könige.“

Das Geheimnis des Dornbuschs ist Jahrtausende alt: Einst war es die Göttin, die mit Bäumen und Büschen in Verbindung gebracht wurde. Die Anhänger des Patriarchats versuchten, die Göttin durch ihren Jahwe zu ersetzen. Die Muttergöttin sollte dem männlichen Gott des Zornes weichen. Und doch haben die Autoren der biblischen Texte dem Kriegsgott Jahwe weibliche Züge gelassen. Sollte auf diese Weise der Macho-Gott den Anhängerinnen der Göttin schmackhafter gemacht werden?

Der biblische Jahwe formt den ersten Menschen aus Ton und haucht ihm dann den göttlichen Atem ein. Vor Jahrtausenden waren den Leserinnen und Lesern die Hintergründe dieser Beschreibung wohl vertraut. Heute sind sie allenfalls nur wenigen Spezialisten bekannt! Es war der männliche Gott Chnum, der im älteren ägyptischen Schöpfungsbericht den ersten Menschen aus Ton formte. Der männliche Gott Jahwe ist also in Sachen Schöpfung eine Kopie des ägyptischen Gottes Chnum. In der ägyptischen Vorlage ist es aber die Göttin Hathor, die dem ersten Menschen den Lebenshauch schenkt. Jahwe übernimmt also die Funktionen eines Gottes und einer Göttin.

Manchmal werden Andeutungen auf Jahwes Weiblichkeit von Übersetzern getilgt, die sich offenbar nur einen männlichen Gott vorstellen konnten. So heißt es im 4. Buch Mose (Kapitel 23, Vers 19) in heutigen Übersetzungen: „Gott ist nicht ein Mensch, dass er lüge." Der Sinn scheint klar zu sein: Menschen lügen, Gott lügt nicht. Im hebräischen Original allerdings heißt es: „Gott ist nicht ein Mann, dass er lüge." Wenn Gott aber „kein Mann" ist, muss er zumindest auch weibliche Züge haben.

Beim Propheten Hosea (Kapitel 11, Verse 8 und 9) lesen wir heute: „Ich will nicht tun nach meinem grimmigen Zorn noch Ephraim wieder verderben. Denn ich bin Gott und nicht ein Mensch." Gott betont ausdrücklich nicht seinem Zorn folgend zu handeln. Wie ist das zu verstehen? Ist doch das „Alte Testament" überreich an Beispielen für Jahwe, den überaus zornigen Gott! Im hebräischen Text heißt es als Begründung dafür, dass Gott nicht aus Wut handeln will: „Denn ich bin Gott, kein Mann." Das ergibt eine sehr brisante neue Aussage: „Ich lasse mich nicht von meinem Zorn leiten, denn ich bin Gott, kein Mann." Wenn aber Gott „kein Mann" ist, was ist er dann? Es wird auf die weibliche Seite Gottes verwiesen, die nicht von Wutausbrüchen dominiert wird. In verklausulierter Weise wird so auf die friedfertige Seite der Göttin hingewiesen!

Selbst eifrige Bibelleser bemerken es höchst selten: Gelegentlich bekommt der patriarchalische Jahwe von einigen Bibelautoren mütterliche Attribute verliehen. Das allerdings geschieht stets auf höchst subtile Weise. Man muss die biblischen Texte schon sehr gründlich studieren, um zwischen den altehrwürdigen Texten über den kriegerischen Jahwe Hinweise auf die Weiblichkeit Gottes zu finden. Es gibt sie aber wirklich! Die Bilder von Jahwe als „Göttin“ sind allerdings stets in sehr dezenten Farben gehalten. Insgesamt dominiert der patriarchalisch-männliche Gott des Zorns und des Krieges.

Auch beim biblischen Hosea (Kapitel 11, Vers 6) droht Jahwe wie so oft als ganz zorniger Gott mit Gewalt. Barmherzigkeit lässt er vermissen: „Darum soll das Schwert über ihre Städte kommen und soll ihre Riegel zerbrechen und sie fressen um ihres Vorhabens willen.“ Im gleichen, recht kurzen Kapitel wird Jahwe aber geradezu mütterlich-fürsorglich beschrieben. Neben dem Bild des zornigen Gottes taucht der mütterliche Gott auf (Kapitel 11, Verse 1-4): „Als Israel jung war, hatte ich ihn lieb und rief ihn, meinen Sohn, aus Ägypten ... Ich lehrte Ephraim gehen und nahm ihn auf meine Arme; aber sie merkten es nicht, wie ich ihnen half. Ich ließ sie ein menschliches Joch ziehen und in Seilen der Liebe gehen und half ihnen das Joch auf ihrem Nacken tragen und gab ihnen Nahrung.“

In Psalm 22 (Vers 10) wird der martialische Jahwe voller Dankbarkeit als Hebamme gepriesen: „Du hast mich aus meiner Mutter Leibe gezogen; du ließest mich geborgen sein an der Brust meiner Mutter.“ An anderer Stelle (Jesaja Kapitel 66, Vers 13) heißt es: „Ich will euch trösten, wie einen seine Mutter tröstet.“

Jesaja lässt Jahwe mütterlich erscheinen, schildert Jahwe als fürsorglicher als so manche „richtige“ Mutter (Kapitel 49, Verse 15 und 16): „Kann auch eine Frau ihr Kindlein vergessen, dass sie sich nicht erbarme über den Sohn ihres Leibes? Und ob sie seiner vergäße, so will ich doch deiner nicht vergessen.“ Mit anderen Worten: Gott wird hier als mütterlicher als eine Mutter beschrieben.

Einst war es die Göttin, die Mutter alles Lebenden, die die Menschen tröstete. Ihre Anhänger glaubten an den ewigen Kreislauf des Lebens: an ein ewiges, sich ohne Unterlass drehendes Rad der Wiedergeburt. Einen wütenden Gott des Zorns gab es nicht in dieser Weltsicht ...

Abb. 11: Moses deutet auf den Dornbusch mit Maria und dem Kind, Urschalling

Abb. 12: Moses war einst ein Viehhirt (Gemälde Benediktbeuren)

Abb. 13: Hosea berichtet über den Zorn Gottes (Marktkirche Hannover)

Abb. 14: >St. Jakobus<, Urschalling, bietet so manches Geheimnis …

Abb. 15: Der Gottesname JHWE

Kain, Abel und die Göttin: Vom Geheimnis der „Adamah“

Eine der bekanntesten Geschichten der Bibel ist die vom ersten Mord (1.Buch Mose Kapitel 4, Verse 1-16): Nach der „Vertreibung aus dem Paradies“ haben Adam und Eva zwei Kinder, nämlich Kain und Abel (Verse 1 und 2):

„Und Adam erkannte seine Frau Eva, und sie ward schwanger und gebar den Kain und sprach: Ich habe einen Mann gewonnen mit Hilfe des Herrn. Danach gebar sie Abel, seinen Bruder.“

Kain war also der Erstgeborene, der Ältere. Die Bibel berichtet so gut wie keine Einzelheiten über die beiden Brüder. Sie nennt die Berufe der beiden und schildert dann den Mord. Warum aber tötete Kain seinen Bruder Abel? Beide Brüder opferten Gott (Verse 2-4):

„Und Abel wurde ein Schäfer, Kain aber wurde ein Ackermann. Es begab sich aber nach etlicher Zeit, dass Kain dem Herrn Opfer brachte von den Früchten des Feldes. Und auch Abel brachte von den Erstlingen seiner Herde und von ihrem Fett.“

Gott akzeptierte das eine Opfer huldvoll und verschmähte das andere (Verse 4 und 5): „Und der Herr sah gnädig an Abel und sein Opfer, aber Kain und sein Opfer sah er nicht gnädig an.“ Warum bevorzugte Gott das Opfer Abels und warum lehnte er Kains Opfer ab? Eine Begründung findet sich nicht in der Bibel. Es wird lediglich festgestellt, dass Gott Abel den Vorzug gab und dass Kain wütend wurde ob seiner Benachteiligung (Verse 5-8): „Da ergrimmte Kain sehr und senkte finster seinen Blick. Da sprach der Herr zu Kain: Warum ergrimmst du? Und warum senkst du deinen Blick? Ist's nicht also? Wenn du fromm bist, so kannst du frei den Blick erheben. Bist du aber nicht fromm, so lauert die Sünde vor der Tür, und nach dir hat sie Verlangen; du aber herrsche über sie.“

Kain senkte seinen Blick erst, nachdem sich Gott gegen ihn entschieden hatte. Kain reagierte also auf Gottes Ablehnung. Diese seine Reaktion auf Jahwes völlig unbegründete Verschmähung kann also nicht als Begründung für die Bevorzugung Abels durch Gott herangezogen werden! Genau das geschieht aber in der Bibel.

Gott erklärte Abel zum Frommen, Kain zum Sünder, ohne sein Urteil auf nachvollziehbare Weise zu begründen. Kain, so die Bibel, konnte diese Ablehnung durch Gott nicht ertragen. Er beschloss, seinen Bruder zu ermorden (Vers 8): „Da sprach Kain zu seinem Bruder Abel: Lass uns aufs Feld gehen! Und es begab sich, als sie auf dem Felde waren, erhob sich Kain wider seinen Bruder Abel und schlug ihn tot."

Warum ermordete Kain seinen Bruder Abel? Dr. phil. Manfred Barthel versucht der Geschichte von Kain und Abel eine kulturgeschichtliche Bedeutung beizumessen. In seinem Buch „Was wirklich in der Bibel steht" (Düsseldorf 1987, S. 47) schreibt er: „Kain und Abel können nicht die Söhne Adams und Evas gewesen sein, sondern gehören zu einer späteren Generation, in der bereits die Trennung zwischen sesshaften Bauern (Kain) und nomadischen Hirten (Abel) vollzogen war. Die Rivalität zwischen beiden Gruppen ist der eigentliche Sinn dieses Bruderzwistes. Es ist wahrscheinlich das Gleichnis für eine Spaltung, die sich unter den Israeliten vollzog, als ein Teil von ihnen erste Felder bestellte, während der andere weiter ein Nomadenleben führen wollte."

Auch wenn diese Erklärung zunächst durchaus einleuchten mag, so lässt sie sich mit dem Ausgang des Kain-und-Abel-Krimis nicht in Einklang bringen (1. Buch Mose Kapitel 4, Verse 9-12): „Da sprach der Herr zu Kain: Wo ist dein Bruder Abel? Er sprach: Ich weiß nicht; soll ich meines Bruders Hüter sein? Er aber sprach: Was hast du getan? Die Stimme des Blutes deines Bruders schreit zu mir von der Erde. Und nun: Verflucht seiest du auf der Erde, die ihr Maul hat aufgetan und deines Bruders Blut von deinen Händen empfangen. Wenn du den Acker bebauen wirst, soll er dir hinfort seinen Ertrag nicht geben. Unstet und flüchtig sollst du sein auf Erden."

Kain ist nach der Bibel eben kein einstiger Nomade, der schließlich sesshaft wird. Im Gegenteil: Der „Ackermann" Kain lebte ursprünglich an seinem vertrauten Wohnsitz. Erst nach dem Mord wurde er zum ruhelos umherziehenden Nomaden. Er war, darin stimmen alle gängigen Bibelübersetzungen überein, ein Bauer, ein Ackermann. Gott selbst hatte ja nach der Vertreibung von Adam und Eva aus dem Paradies befohlen (1. Buch Mose Kapitel 3, Vers 18): „Dornen und Disteln soll es dir tragen, und du sollst das Kraut auf dem Felde essen." Wenn also Kain ein Landmann war, so arbeitete er ganz genau so, wie Gott selbst es gefordert hat.

Kain bot auf seinem Altar Jahwe Früchte des Feldes. Er verhält sich somit nicht wie ein gläubiger Jahwe-Anhänger. Nicht Kain, sondern Abel ist der getreue Jahwe-Jünger! Abel opfert, wie von Jahwe erwartet, „von den Erstlingen seiner Herde". In der Geschichte vom Brudermord treffen in Kain und Abel die Vertreter zweier konträrer Weltanschauungen aufeinander. Kain ist ein Vertreter des Matriarchats, Abel einer des Patriarchats.

Der Theologe Prof. Dr. Wilhelm Schmidt, Universität Wien, betont in seinem Werk „Ursprung und Werden der Religion" (Münster 1930, S. 278): „Das vegetarische Primitialopfer (Erstopfer) wurde der Mutter Erde dargebracht." Jahwe nimmt das Opfer Abels an: der patriarchalische Gott freut sich über seinen getreuen Anhänger und verachtet den Gefolgsmann der Göttin. In der biblischen Geschichte von Kain und Abel aber scheint es keinen Hinweis auf matriarchalischen Glauben zu geben. Zumindest wird man in den gängigen Bibelausgaben nicht fündig. Paul Hengge allerdings zweifelt die allgemein anerkannte Übersetzung an. Als Alternative bietet der Bibelexperte in seinem Werk „Die Bibelkorrektur" (Wien 1979, S. 104) an: „Habel (Abel) wurde ein Hirte der Herden; aber Kain diente der Adamah."

Wortwörtlich übersetzt lautet der Text (1. Buch Mose Kapitel 4, Vers 2) tatsächlich: „Und sie fuhr fort zu gebären seinen Bruder, den Abel. Und Abel war es, hütend (eine) Herde und Kain ..." Ja was tat Kain? Im Hebräischen heißt es: „Haja obed adamah." Nach dem „Hebräischen und aramäischen Wörterbuch zum Alten Testament" kann „obed" „arbeitend, dienend, verehrend, zu Willen seiend" bedeuten. Paul Hengges Übersetzung „Aber Kain diente der Adamah." ist durchaus akzeptabel. Ebenso denkbar sind aber auch andere Übersetzungen: „Aber Kain diente der Adamah." und „Aber Kain verehrte Adamah." oder „Aber Kain war der Adamah zu Diensten." Mit anderen Worten: der biblische Text weist auf eine kultische Verehrung der „Adamah" durch Kain hin.

Wer oder was ist „Adamah"? Nach christlichem Verständnis ist „Adamah" der Lehm, aus welchem der patriarchalische Gott den ersten Menschen, Adam, formte. Die Geschichte vom biblischen Gott, der aus Lehm den ersten Menschen kreierte, ist aber nicht das Original. Der männliche Schöpfergott der Bibel verdrängte die Göttin des Originals: Es war es in Mesopotamien, wo die Göttin Nemhursag lange vor dem männlichen Jahwe „Menschen machte". Sie formte die ersten Menschen aus

Lehm, schenkte ihnen aber erst mit ihrem Blut Leben. In der Vorlage gab die Göttin mit ihrem Blut die Lebenskraft. An die Geschichte mit dem blutigen Lehm erinnert der biblische Adam. Sein Name lässt sich nämlich mit „rot" oder mit „rote Erde" übersetzen.

Wie sich die Bilder doch gleichen: Nach einer südamerikanischen Legende wurde die Ur-Menschheit aus Mondblut erschaffen. Die Mondgöttin, die „Mondin", dürfte weltweit die älteste Ur-Göttin gewesen sein: die mächtige Muttergottheit, die ungezählte Jahrtausende vor dem biblischen Gott Jahwe die Geschicke der Menschen bestimmte. Sie hatte Macht über Leben und Tod. Sie besaß das Geheimnis der Unsterblichkeit. Gläubige Römer trugen einen Halbmond als Amulett um den Hals. Der Glücksbringer sollte als Zauber wirken und den Menschen helfen, nach ihrem Tod in den Schoß der göttlichen Mutter zurückzukehren. Auch in heiligen Texten ist dieser Glaube überliefert: der Mensch stirbt, kehrt dann aber zur Göttin zurück. Im „Alten Testament" wird die Rolle der Muttergöttin von „Adamah" übernommen.

Wie sich die Bilder immer wieder gleichen: Hindupriester gaben Verstorbenen feierliche Worte wie diese mit auf den Weg: „Geh' such die Erde, diese weise und sanfte Mutter aller. Oh Erde, erhebe seine Knochen und verletze sie nicht, sei sanft und freundlich zu ihm. Oh' Erde, decke ihn zu wie eine Mutter, die ihr Kind mit ihren Röcken bedeckt!"

In der Bibel kommt der Mensch aus „Adamah" und kehrt zu „Adamah" zurück. Das „Alte Testament" zeichnet ein viel mythologischeres Bild von „Adamah" als dem Bibelleser bei der Lektüre bewusst werden kann. Das liegt daran, dass alle gängigen Übersetzungen die wahre, tiefere Bedeutung verstümmeln. In wortwörtlicher Übersetzung heißt es bei Moses im 1. Buch (Kapitel 4, Vers 11): „Verflucht seiest du (Kain), auf der Adamah, die ihren Mund auftat, um aufzunehmen das Blut deines Bruders von deiner Hand." Offenbar ging der Verfasser des zitierten Textes von einer mythologischen Kreatur aus, von einem Wesen also und ganz sicher nicht vom simplen Erdreich. Es klingt uraltes, von den ersten Theologen verbotenes Wissen an: von Meeresdrachen und mythischen Schlangen, die in Wirklichkeit für die Urgöttin stehen. Und die wurde ja nach der Bibel angeblich von Jahwe besiegt.

Mutter Natur als Göttin der Erde ließ alles wachsen, sprießen und gedeihen. Sie ernährte Mensch und Tier, und das jedes Jahr wieder. In den ältesten Kulturen wurde sie in Höhlen im Erdboden verehrt: von den alten Ägyptern ebenso wie von den ersten Hindus. In der „schwarzen Höhle“ von Phigalia (Arkadien, Griechenland) wurde einst die „Mutter Natur“ angebetet. Einer ihrer Namen ist Demeter. Die heilige Statue stammt aus dem 13. Jahrhundert vor Christus und ist die bislang älteste Demeter-Skulptur. Göttliche Symboltiere zeichnen die heilige Frau als bedeutsame Göttin aus: Schlangen (ältestes Attribut der Urgöttin) und Taube (weit verbreitetes Attribut der Göttin).

Der griechische Philosoph Porphyrios (3. Jahrhundert nach Christus) lehrte, dass religiöse Zeremonien in Höhlen abgehalten wurden bevor es Tempel gab. Höhlen waren der natürliche Platz für religiöse Verehrung, da man die Erde als „Muttergottheit“ ansah.

So heißt es in der „Theologischen Realenzyklopädie“ (Band 31, Berlin 1976, S. 188) über die wohl älteste Religionslehre: „Die Höhle/ Erde (Göttin) ist der Mutterleib aus welchen das Leben hervorgeht und in welche das Leben wieder zurückgenommen wird. Damit ist die Doppelfunktion der Göttin angesprochen: Sie ist die Gebende und Nehmende zugleich.“

Aus „Adamah“ formte Jahwe den ersten Menschen (1. Buch Mose Kapitel 2, Vers 7). Und zu „Adamah“ kehrt der Mensch nach seinem Tode wieder zurück (1. Buch Mose Kapitel 3, Vers 19 in der wörtlichen Übersetzung): „Im Schweiße deines Angesichts wirst du dein Brot essen, bis zu deiner Rückkehr zu Adamah, denn von ihr wurdest du genommen.“ Mit anderen Worten: Der Mensch kommt aus der Muttergöttin und kehrt zu ihr zurück.

Im religiösen Kosmos des Matriarchats ist die Göttin der Ursprung von allem. Im Matriarchat bringt die Göttin alle Pflanzen hervor. Auch im „Heiligen Land“ war schon vor fünf Jahrtausenden die für Mensch und Tier segensreiche Vegetation das Ambiente der Göttin. Othmar Keel schreibt in seinem theologischen Werk „Schöpfung“ (Göttingen 2002, S. 58) zu diesem Thema: „Während der gesamten Bronzezeit (ca. 3000 bis 1200 v.Chr.) lässt sich vor allem in Palästina eine enge Verbindung zwischen einer nackt dargestellten Göttin und der Vegetation nachweisen. Bald wachsen Zweige aus Scham oder Nabel der anthropomorphen (in Menschengestalt) Göttin, bald sind in bestimmten Zusammenhängen der bearbeitete Kultbaum oder der grüne Baum mit der anthropomorphen Göttin auswechselbar."

Die grünende, sprießende Vegetation wurde ursprünglich also mit der Göttin gleichgesetzt. Die aufkeimende, wachsende, gedeihende, wieder sterbende und neuerlich aufkeimende Natur stellte die Unsterblichkeit der Göttin dar: als ewigen Kreislauf, der sich immer und immer wieder wiederholte.

Im Patriarchat verdrängt der männliche Gott die Göttin. Das ewige Naturgesetz der Göttin wurde durch den männlichen Gott des Zorns ersetzt. Im Patriarchat regierte der Gott des Zorns, der ganz nach Gutdünken in das Leben der Menschen eingreift. Dabei handelt Jahwe heute als hilfreicher Menschenfreund, morgen als aggressiver Wüterich, der brutal zuschlägt (Sintflut, Vernichtung des Turmbaus, Sodom und Gomorrha).

Jahwe kann aber nicht wie die Muttergöttin gebären. Ganz patriarchalischer Gott befiehlt er. Das lässt ihn weniger göttlich-allmächtig erscheinen, eher als einen Zauberer. Dabei erweist sich der männliche Gott als unfähig, aus sich selbst heraus Vegetation, also Voraussetzung für jegliches Leben, entstehen zu lassen. Dazu war nur die Göttin in der Lage.

Die Göttin wurde verdrängt, verschwunden ist die „Adamah" aber nicht. Gewiss, der männliche Gott hat die Rolle als Initiator übernommen. Sicher, im Patriarchat der Bibel hat Jahwe das Regiment übernommen: Im Matriarchat brachte die Göttin Bäume und sonstige Pflanzen aus sich selbst hervor. Im Patriarchat kann Jahwe nicht die Rolle der göttlichen Gebärerin übernehmen. Aber Jahwe beansprucht als männlicher Gott die Rolle als magischer Handwerker. Aber nach wie vor kommt die Schöpfung aus der „Adamah", die einst die Herrscherin im Himmel und auf der Erde war, wenn wir den Text im hebräischen Original lesen (1. Buch Mose Kapitel 2, Vers 9): „Und Gott, der Herr (Jahwe) ließ aufwachsen aus der Adamah allerlei Bäume, verlockend anzusehen und gut zu essen."

Im biblischen Text ist Gott der aktive Teil, auf dessen Befehl hin „Adamah" die Pflanzen sprießen lässt. Dabei galt in der Antike die Erde zumindest als „quasi göttliche Größe“. Die griechische „Gaia“, das Pendant zur „Adamah“ wurde als Personifikation der Erde angesehen, die für Pflanze, Tier und Mensch die lebensnotwendige Grundlage ist. Im sumerischen „Prolog des Streitgesprächs zwischen Holz und Rohr“ gibt es einen interessanten Satz, der den biblischen Autoren als Vorlage gedient haben kann. Sehr deutlich wird die göttliche Natur der Erde: „Die Erde trat zum freudigen Gebären der Pflanzen des Lebens hin.“ Mit anderen Worten: Die „Pflanzen des Lebens“ entstehen nicht durch einen Befehl eines männlichen Schöpfergottes. Die Göttin „Mutter Erde“ alias „Adamah“ bringt sie hervor!

Fast fünf Jahrtausende alt ist ein Rollsiegel aus Schad bei Kerman im Iran. Rollt man das Siegel in weichem Ton ab, entsteht ein sehr detailreiches Bild, das bestens als Illustration zur Genesis der Bibel geeignet wäre. Im Zentrum des altehrwürdigen Kunstwerkes sitzt „Mutter Erde“ alias „Adamah“. Sie ist mit dem Boden verbunden. Wie Arme mit Händen sprießen aus ihr Pflanzen, die Tieren als Nahrung dienen.

Das Geheimnis der Göttin ist der ewige Kreislauf des Seins: die Unsterblichkeit. Das ewige Leben der Göttin bedeutet nicht ein Dasein ohne Tod. Aber im Reich der Göttin folgen auf den Tod die Wiedergeburt, das Heranwachsen, das Leben und wieder das Sterben, gefolgt von neuerlicher Wiedergeburt. Für die matriarchalische Religion war der ewige Kreislauf die größte Gabe der Göttin an die Menschheit: im Frühjahr sprießt neues Grün, im Sommer gedeihen die Pflanzen, es wird geerntet. Auf den Herbst mit seinen Früchten folgt der Winter, der alles erstarren lässt. Auf die Kälte folgt aber wieder ein Frühling, das ewige Rad dreht und dreht sich weiter. Zur Empörung Jahwes gehorchte Adam nicht ihm, sondern Eva, die einst die große Muttergöttin war. Adam hat nicht nur ein einfaches Verbot Jahwes missachtet. Er hat der alten Muttergöttin „Adamah“ gehorcht. Und deshalb heißt es im 1. Buch Mose (Kapitel 3, Vers 17) wörtlich übersetzt: „Verflucht sei die Adamah um deinetwillen!“

Adam verehrte die „Adamah“. Er huldigte ihr. Für ihn, den Ackermann, war die Arbeit geradezu ein Gottesdienst für die Göttin! Im Patriarchat wird daraus eine Strafe, ja ein Fluch. Im Matriarchat huldigte der Ackermann mit seiner Arbeit auf dem Felde der Göttin. Er sät, er erntet. Er ist ein wichtiger Teil des ewigen Kreislaufs der Natur. Im biblischen Patriarchat muss er schuften, weil ihn Gott dazu verdammt hat. Aber warum hat Jahwe den Ackermann Kain wirklich bestraft? Die Antwort bleibt den Leserinnen und Leser aller Übersetzungen der Bibel verborgen. Wer aber den hebräischen Wortlaut der biblischen Texte kennt, weiß, worin Kains Vergehen wirklich bestanden hat: Er huldigte der Göttin „Adamah"!

Kain, so die Bibel, diente der „Adamah". Die Hethiter des „Alten Testaments" huldigten ebenfalls der Mutter Erde. Sie nannten sie Cybele. In Anatolien wurde sie schon in der Steinzeit angebetet: als die Göttin, aus der alles Leben kam und zu der alles Leben zurückkehrt! Cybele alias Gaia alias Rhea alias „Adamah" ist die Urgöttin des ewigen Lebens. Im alten Griechenland wurde sie ehrfürchtig auch „Potnia Theron" genannt, „Herrin der Tiere". Dieser Titel weist angeblich darauf hin, dass die Ursprünge der Göttin weit zurück, in die Steinzeit reichen. „Potnia Theron" war immens bedeutend für die Menschen, war sie doch die Göttin der ewigen Wiederkehr von Geburt, Leben, Tod und Wiedergeburt.

Vor sieben bis acht Jahrtausenden wurde in Catal Hüyük (heute Anatolien, Türkei) die Muttergöttin als höchste himmlische Autorität verehrt. Ein Kultfigürchen zeigt sie als fruchtbare weibliche Gottheit, die gebärend auf einem mächtigen Thron sitzt. Ihre beiden Hände ruhen dabei auf mächtigen Löwenköpfen.

Catal Hüyük war so etwas wie eine organisch gewachsene Metropole. Sie wuchs nach und nach wie eine Bienenwabe. Mit der zunehmenden Bevölkerung wurden außen immer weitere Wohnzellen angebaut. Die einzelnen Wohneinheiten hatten keine Fenster und Türen im herkömmlichen Sinne. Luken führten auf die Dachterrassen, auf denen sich das Leben von Catal Hüyük abspielte. Diese Luken dienten als Ein- und Ausgang und Fenster zugleich. Sie fungierten zudem als Rauchabzug für die Herdstellen im Wohnbereich. Die vorliegenden Forschungsergebnisse weisen darauf hin, dass Catal Hüyük einer hochstehenden Kultur angehörte. Eine fortschrittliche Landwirtschaft versorgte die Bevölkerung mit reichlich Nahrung.

Es wurden weder Spuren von Waffenbesitz noch überhaupt von Militär gefunden. Das Leben in Catal Hüykük muss ein friedliches gewesen sein. Der britische Archäologe James Mellaart, der große Teile der uralten Ruinen- und Mauerreste der Stadt 1961 bis 1965 freilegte, kam nach sorgsamem Studium der Funde (zum Beispiel von Grabbeigaben) zur Überzeugung, dass Catal Hüyük von Frauen dominiert wurde. Nach Mellaart wurde das Leben der Stadtbewohner von Frauen bestimmt. Auch nach dem Tod „herrschte" die Frau. Die Skelette der Toten wurden unter Plattformen in den Wohnräumen beigesetzt. Eine große, zentrale Plattform blieb der Frau vorbehalten. Die kleineren Eckplattformen waren für die Männer vorgesehen. Selbst im Grab scharten sich die Männer um das Zentrum Frau.

Im matriarchalischen Catal Hüyük zeigen beeindruckende religiöse Reliefs aus Gips Göttinnen. Die weiblichen Idole werden oft als Gebärende dargestellt. Andere Versionen der mächtigen Himmlischen betonen die weibliche Fruchtbarkeit, so haben manche Göttinnen vier Brüste. Immer wieder thronen himmlische Herrscherinnen zwischen Leoparden.

Zu einem matriarchalisch bestimmten Reich müssen auch die anatolischen Städte Hacilar und Alalakh gehört haben. Auch hier wird die Urgöttin immer wieder in imposanten Darstellungen verherrlicht. In Alalakh wechselten Matriarchat und Patriarchat einander im Lauf der Jahrtausende ab. So wurde die Stadt im dritten Jahrtausend vor Christus von kriegerischen Nomaden angegriffen, besiegt und eingenommen. Die friedliche Göttin musste dem kriegerischen Gott weichen. Anders gesagt: Die Anhänger der Göttin wurden von den patriarchalischen Truppen unterworfen.

Die verehrten Darstellungen der Göttin wurden entfernt und zerschlagen. Aus den Tempeln der Göttin wurden solche von Göttern. Wo einst der Göttin gehuldigt wurde, betete man jetzt zu männlichen Göttern. Um 1900 vor Christus erhoben sich die Anhängerinnen der Göttinnen und stürzten das patriarchalische System. Wieder hielt die Göttin Einzug. Wieder wurden kunstvolle Darstellungen der Göttin angefertigt, denen nun die männlichen Idole weichen mussten. Im zwölften Jahrhundert vor Christus wüteten erneut die patriarchalischen Priester und zerschlugen wiederum die Bildnisse der Göttin.

Um 1900 vor Christus wurde die Göttin durch Gott ersetzt. Die Spuren der Göttin sollten ausgelöscht werden, was aber nur bedingt gelang. Vermutlich gelang es den Priestern der männlichen Gottheiten nicht, die Göttin aus den Herzen ihrer Gemeinden zu vertreiben. Die kunstvollen Göttinnen-Bildnisse mögen noch so konsequent zerschlagen worden sein. Sie lassen sich aber auch heute noch dank der penibel-gründlichen Arbeit von Archäologen klar erkennen und rekonstruieren. Im „Alten Testament“ wurde die Göttin „Adamah“ von den Befürwortern des Patriarchats degradiert. Die Göttin wurde für Leser von Übersetzungen der Bibeltexte bis zur Unkenntlichkeit entstellt. Aus der einst so mächtigen Muttergottheit wurde simples „Ackerland“ oder schlichter „Ackerboden“. Und dennoch lässt sich die weibliche Gottheit auch heute noch in den alten Texten eindeutig nachweisen.

Wenn wir an die Bibel und die Schöpfung denken, dann drängt sich uns der männliche Schöpfergott Jahwe auf. Doch im Land der Bibel muss vor Jahrtausenden die Göttin sehr populär gewesen sein, eine Tatsache, die von den Anhängern des zornigen Jahwe vehement unterdrück wurde. Man muss annehmen, dass vor drei und mehr Jahrtausenden Figürchen der Göttin im heiligen Land“ weit verbreitet waren. Zweifellos wurden sie von den Verfechtern des Jahwe-Monotheismus über Jahrhunderte hinweg gezielt gesucht und zerstört. Ausdrücklich fordert das mosaische Gesetz die Vernichtung fremder Kultanlagen und Götterbildnisse. Im 5. Buch Mose (Kapitel 12, Verse 2 und 3) wird im Namen Jahwes befohlen:

„Zerstört alle heiligen Stätten, wo die Heiden, die ihr vertreiben werdet, ihren Göttern gedient haben, es sei auf hohen Bergen, auf Hügeln oder unter grünen Bäumen, und reißt um ihre Altäre und zerbrecht ihre Steinmale und verbrennt mit Feuer ihre heiligen Pfähle, zerschlagt die Bilder ihrer Götzen und vertilgt ihren Namen von jener Stätte.“ Für die damaligen Menschen im „heiligen Land“ gab es keinen Zweifel darüber, was mit den „heiligen Pfählen“ gemeint war: Bildnisse von Muttergottheiten wie Ascherah.

Gerade deshalb muss die Nachfrage nach Figürchen der Göttin im „heiligen Land“ groß gewesen sein. Vermutlich wurden sie massenweise hergestellt. So fanden Archäologen an verschiedenen Orten in Israel Teile kleiner Göttinnenfigürchen. Eine sorgsame Untersuchung ergab, dass sie offenbar alle zu Statuetten gehörten, die aus ein- und derselben Pressform stammten. Es muss also, allen Verboten zum Trotz, Werkstätten für Göttinnen-Figürchen gegeben haben, die das ganze Land mit den offiziell verbotenen Kleinplastiken belieferten. Das Göttliche durfte nicht im Bild gezeigt werden, die weibliche Göttin schon gar nicht. Wie viele Göttinnenfigürchen es wohl einst gegeben hat? Bei Revadim wurde die bisher vollständigste Statuette einer Göttin gefunden. Sie stammt aus der Zeit um 1250 vor Christus und stellt eine nackte weibliche Gottheit dar. Sie ist die perfekte Urgöttin, die Pflanze, Tier und Mensch behütet und versorgt: Der Göttin fällt üppiges langes Haar über die Schultern, zwei kräftige Haarsträhnen reichen fast bis zum Nabel. Ihren Hals ziert ein sakrales Amulett in Mondform, eines der ältesten Symbole der heiligen Frau. Zwei Kinder (oder sollen es erwachsene Menschen sein?) saugen an ihren Brüsten. Auf beiden Schenkeln sind Ziegen dargestellt. Beide nähern sich einer Palme.

Durch geschickte Manipulation wurde aus dem gläubig-frommen Gefolgsmann der Göttin „Adamah" Kain ... der gemeine Brudermörder Kain. Es gibt ja wohl in der Literatur kaum einen schlimmeren Verbrecher als Kain, der heimtückisch den eigenen Bruder belügt, in die Falle lockt und erschlägt.

Der patriarchalische Gott Jahwe lehnte das friedliche Pflanzenopfer Kains ab und nahm das blutige Tieropfer Abels an. Abel tötete für den patriarchalischen Jahwe Tiere. Die aber unterstanden doch der matriarchalischen Göttin. Überspitzt ausgedrückt: die Kinder der Göttin wurden getötet und zu Ehren des männlichen Gottes verbrannt. Das blutige Opfer Abels wurde von Gott angenommen. Die für die Göttin typischen Gaben hingegen hat Jahwe abgelehnt.

„Adamah" war die Göttin des „Ackermanns" Kain. Die Göttin findet in Demeter, eine der ältesten Göttinnen Griechenlands, ihre Entsprechung. Demeter war die griechische „Adamah". Homer pries sie als Göttin des Ackerbaus. Demeter war nicht nur die wichtige Göttin, die Mensch und Tier mit Nahrung versorgte. Sie war so etwas wie eine All-Mutter, die göttliche Mutter schlechthin. Jahrtausende bevor im Christentum die „heilige Dreifaltigkeit" zu einer zentralen Glaubenslehre wurde, stellte Demeter schon eine göttliche Trinität dar. Doch während die christliche Dreifaltigkeit aus Gottvater, Sohn und Heiligem Geist selbst gläubigen Christen rätselhaft bleibt, ist die Bedeutung der Trinität der Demeter leicht nachzuvollziehen.

Demeter wurde in Delphi auch unter dem Namen „die Drei" angebetet. Die demetersche Trinität steht für die Unsterblichkeit der heiligen

Frau: Demeter-Kore ist die Jungfrau und Frühjahresgöttin, Demetrie-Demeter ist die Mutter, Sommer- und Erntegöttin, und Persephone ist die alte Frau, Todes- und Wintergöttin. So steht Demeter für eine Unsterblichkeit, zu der auch, so paradox das klingen mag, der Tod gehört. Die demetersche Unsterblichkeit ist die unendliche Wiederholung von Geburt, Leben, Tod und neuerlicher Geburt. Demeter ist die Göttin des unendlichen Zirkels aus Frühling, Sommer, Herbst und Winter.

Im griechischen Eleusis befand sich das Hauptheiligtum der Demeter, wo man den Übergang zwischen dem Reich der Lebenden und dem der Toten vermutete. Einst soll der Herr der Unterwelt Hades eine Frau gesucht haben. Er holt sich Kore, die Tochter der Demeter, in sein Totenreich. Demeter ist ob dieses schlimmen Verlusts todtraurig. Als Mutter allen Lebens befiehlt sie den Tod der Natur. Nichts darf mehr sprießen und wachsen, nichts darf sich mehr vermehren. Die Folge ist schrecklich für die Menschen: Sie sind, wie die Natur, todgeweiht. Nun zwingen die anderen Götter Hades, Kore wieder in die Welt der Lebenden zu entlassen. Demeter lässt die Natur wieder aufblühen. Die Pflanzen sprießen wieder, Mensch und Tier vermehren sich wieder. Die Natur ist aus ihrer Todesstarre zu neuem Leben erwacht. Leider hat aber Kore die verbotene Frucht des Todes, den Granatapfel, gekostet. Sie kann nun nicht immer in der Welt der Lebenden bleiben. Alle neun Monate muss sie in die Unterwelt des Todes zurückkehren. Dann vermisst Demeter sie wieder und lässt die Natur „sterben“. Dann wird es auf Erden Winter. Wenn Kore auf Druck der Götter wieder ins Leben zurückkehren darf, wird es wieder Frühling.

In Eleusis wurde fast zwei Jahrtausende lang der ewige Kreislauf von Geburt, Leben und Tod ausgelassen gefeiert. Jeder Mensch muss sterben, doch war das für die Demeter-Gläubigen kein Anlass zur Trauer, sondern zum ausgelassenen Feiern: weil der Tod nur als eine vorübergehende Phase angesehen wurde. Denn auf den Tod folgte wieder neues Leben.

Es war wie ein Naturgesetz: So wie auf einen Winter stets wieder ein Frühling folgt, so kommt nach dem Tod auch wieder neues Leben, genauso wie die Natur nach der Starre des Winters immer wieder zu neuem Leben erwacht.

Fast vier Jahrhunderte lang existierten das junge Christentum und die optimistische Religion um die Göttin Demeter nebeneinander. Vermutlich war Demeter ernsthafte Konkurrenz für den Christus der Christen. Anders als im Christentum gab es für die Demeter-Gläubigen keine Ursünde. Auch war der Mensch, anders als im Christentum, nicht wegen seines Ungehorsams gegen Gott schuldig geworden. Anders als im christlichen Glauben musste kein Erlöser den Opfertod sterben, um die Sünden der Menschen auf sich zu nehmen. Offenbar befürchteten die Vertreter des Christentums die fröhliche Konkurrenz, deren heilige Riten strikt geheim gehalten wurden. Anscheinend reichten friedliche Überredungskünste nicht aus, um aus Demeter-Gläubigen Christen zu machen. Die blieben nämlich allen Missionierungsversuchen zum Trotz ihrer Göttin treu. Also griffen die Christen im Namen ihrer Religion der Nächstenliebe zu brachialer Gewalt. 396 nach Christus zerstörten sie das Heiligtum der Demeter von Eleusis. Damit war aber die Göttin Demeter nicht besiegt.

Die christliche Kirche verbot die Verehrung der Göttin Demeter, aber sie lebte in den Herzen der Menschen weiter. Die frommen Christen wollten weder der Demeter untreu werden noch der christlichen Kirche gegenüber ungehorsam sein. Also suchte man nach Alternativen. So entstand im Volksglauben die „Heilige Demetra", die bis heute allerdings noch nicht offiziell anerkannt wurde. Genauer gesagt: der heidnischen Göttin Demeter wurde ein christliches Gewand angezogen. Ihre Geschichte wurde verfälscht, bleibt aber nach wie vor erkennbar:

In der ursprünglichen Demeter-Überlieferung entführt der Herr des Totenreiches die Tochter der Demeter Kore in die Unterwelt. Im Christentum gibt es keinen Gott der Unterwelt, also wird die Tochter von einem bösen Magier in einen Turm gesperrt. Die christliche Kore ist nur eine arme Gefangene. Die Demeter-Tochter aber stirbt, denn nichts anderes bedeutet ihre Entführung ins Reich des Hades. In der Demeter-Version veranlassen die Götter den Gott der Unterwelt, die Gefangene freizugeben. Sie darf also wieder ins Leben zurückkehren. Im christlichen Glauben darf es nur einen Gott geben, also kann die Befreiung der Tochter natürlich nicht Göttern zu verdanken sein. So ist es ein irdischer Gegenspieler des bösen Magiers, ein junger Held (wie der Retter Dornröschens), der die holde Tochter rettet. Seine gute Tat wird aber nicht sogleich belohnt. Ein Unhold zerstückelte den Helden und stellte die blutigen Teile an Schnüren zur Schau. Dann endlich kann die „heilige Demetra" in Aktion treten. Als christliche Heilige kann sie Wunder vollbringen, die Leichenteile wieder zusammensetzen und den Helden wieder zum Leben erwecken.

In der Legende von der „Heiligen Demetra" wird das Geheimnis der Göttin Demeter stark verwässert: In der Vorlage bietet Demeter dem Tod von Mensch, Tier und Pflanze die Stirn. Der Tod verliert seinen Schrecken, weil er allenfalls nur einen vorübergehenden Sieg erringen kann. Der Tod stellt kein endgültiges Ende dar. Stattdessen ist er nur eine Zwischenphase im ewigen Kreislauf von Geburt, Tod und Wiedergeburt. Die „Heilige Demetra" errettet nur noch einen Menschen einmal vom Tod, und das nicht für immer. Denn auch der wiederbelebte Held wird eines ganz natürlichen Todes sterben. Der „Heiligen Demetra" wurde bis heute die offizielle Anerkennung der Kirche verwehrt. In vermännlichter Form allerdings wurde sie als „Heiliger Demetrius" zum offiziellen Heiligen. Was für eine Verwandlung: aus der allmächtigen Muttergöttin wurde der „Heilige Demetrius", Schutzpatron der Kreuzzüge. In schriftlichen Dokumenten taucht er erst als angeblicher Sohn aus einer einflussreichen römischen Familie auf, der um 306, während der Christenverfolgungen unter Diokletian oder Maximinus Daia, in Thessaloniki den Märtyrertod stirbt. Nach und nach wandelte sich das Bild des Heiligen: aus dem christlichen Märtyrer wurde ein Soldatenheiliger. Aus einem Opfer der Römer wurde der römische Statthalter der Provinz Achaea.

Historische Belege für die Existenz des Demetrius gibt es keine. Das darf nicht verwundern: Es hat ihn nie gegeben. So wie aus der weiblichen Allmutter der männliche Schöpfergott wurde, so wurde die Göttin Demeter zum „Heiligen Demeter". Und aus der Schöpfergöttin „Adamah" machten die Autoren der biblischen Genesis den Lehm, aus dem der zornige Gott des Patriarchats den ersten Menschen formte.

Der berühmte ungarische Religionswissenschaftler und Philologe Karl Kerényi (1897-1973) verfasste ein zweibändiges Opus über „Die Mythologie der Griechen", das heute als eines der großen Standardwerke gilt. Intensiv beschäftigte sich der Gelehrte auch mit der „Großen Muttergöttin". Sie war, so Kerényi, allen antiken Völkern unter verschiedenen Namen bekannt.

Prof. Dr. Hans Biedermann, Anthropologe und Ethnologe, kommentiert in seinem Buch „Die großen Mütter – Die schöpferische Rolle der Frau in der Menschheitsgeschichte“ (Bern 1987, S. 65): „Er (Karl Kerényi) weist ausdrücklich darauf hin, dass diese einst beherrschende, später in den Hintergrund gedrängte Gestalt (der Göttin) keineswegs ein griechisches Privileg darstellte, sondern allen damaligen Völkern in irgendeiner Form und irgendeinem Namen bekannt war.“

Karl Kerényi schreibt weiter: „Als Große Mutter oder Mutter der Götter oder mit beiden Namen zugleich wurde nur eine unter den Töchtern der (Erdgöttin) Gaia angerufen: Rhea ..., die die drei Göttinnen Hera, Demeter und Hestia geboren hatte. Das war der Ursprung der ganzen jüngeren olympischen Göttergeneration, und die Göttin, von der sie alle abstammten, durfte wohl mit Recht die Große Mutter der Götter genannt werden. So müsste freilich, und noch mit größerem Rechte, Gaia, die Mutter der Erde, auch heißen, da sie sogar den Vater Uranos aus sich selbst hervorbrachte. Gaia und Rhea wurden tatsächlich nur in der Hesiodischen Genealogie so streng unterschieden, dass die eine zur Mutter der anderen wurde.“

Die Vielzahl von Göttinnen in der Antike ist für den heutigen Zeitgenossen verwirrend. Die großen monotheistischen Glaubenssysteme Judentum, Christentum und Islam prägen unsere mehr oder minder fundierten religiösen Vorstellungen: da gibt es einen guten Gott und den bösen Teufel, vielleicht noch Engel und Heilige. Die christliche Dreifaltigkeit überfordert aber schon die Vorstellungskraft und das Verständnis. Mit einer Vielzahl von Göttinnen und Göttern aber, deren komplizierte verwandtschaftlichen Beziehungen selbst Experten verwirren, können wir wenig oder nichts anfangen. In alten Mythen mit für uns viel zu komplizierten, ja wirren Handlungsabläufen verlieren wird schnell die Orientierung, wie in einem mysteriösen Irrgarten.

Wenn wir aber weniger auf die vordergründigen Handlungsabläufe achten und nach tieferen Gemeinsamkeiten der religiösen Mythen suchen, dann erkennen wir, dass „Adama“, Demeter, Hestia und Rhea nur unterschiedliche Namen für ein- und dieselbe mächtige Muttergöttin sind. Diese Urgöttin, die Pflanzen, Tiere, Menschen und Götter hervorbrachte, sie betritt immer wieder die große Bühne des Theaters der Religionen: Ihre Namen variieren, ihre Stücke weisen Unterschiede auf, ihre Masken wechseln, aber sie bleibt immer die ursprünglichste aller Gottheiten, die Mutter alles Lebenden.

Diese göttliche Urmutter mit den vielen Namen wird mit der Erde gleichgesetzt. Diese große Göttin ist die wahre Mutter des Menschen. So heißt es bei Hiob (Kapitel 1, Vers 21): „Ich bin nackt von meiner Mutter Leibe gekommen, nackt werde ich wieder dahinfahren." Nach dem Tode wird der Mensch in der Erde bestattet, kehrt er in den Schoß der Göttin „Mutter Erde" zurück, die ihn einst geboren hat. Damit wird der Glaube an die Wiedergeburt zum Ausdruck gebracht. Denn wer in den Schoß der Mutter zurückkehrt, der wird auch wieder geboren. Und eben dieser „Schoß" wird immer wieder als Erde identifiziert!

In den religiösen Überlieferungen der Griechen war die Erdgöttin Gaia das erste Wesen, das aus dem Urchaos stieg. Nach dem biblischen Schöpfungsbericht (1. Buch Mose Kapitel 1, Verse 1 und 2) schwebte die „Ruach" Gottes über dem Urmeer. Unsere modernen Übersetzungen vermännlichen „Ruach" Gottes zum männlichen Geist Gottes. Der hebräische Ausdruck ist aber eindeutig nicht männlich, sondern weiblich und ließe sich so übersetzen: „Und die Göttliche schwebte über dem Urmeer."

Für die alten Griechen war „Gaia" die göttliche Erdmutter, sanft und wohlwollend. Für die Menschen des Matriarchats war deshalb ein pfleglicher Umgang mit „Mutter Erde" oberstes Gebot. Das Patriarchat etwa der Jahwe-Anhänger im „heiligen Land" forderte einen radikalen Gesinnungswandel. Der Gott als Patriarch stellte den Menschen die Erde zur Ausbeutung zur Verfügung (1. Buch Mose Kapitel 1, Vers 28): „Und Gott segnete sie und sprach zu ihnen: Seid fruchtbar und mehret euch und füllet die Erde und machet sie euch untertan!" „Untertan machen" steht für eine klare Rangordnung: Der Mensch hat nach dieser Vorstellung Gewalt über die Erde und kann nach Belieben mit ihr umgehen. (Zum Vergleich sei auf eine andere Bibelstelle verwiesen. 1. Buch Mose Kapitel 14, Vers 4: „Denn sie waren zwölf Jahre dem König Kedor-Laomer untertan gewesen."

Auch wenn der männliche Gott des Zorns zur Ausbeutung von Mutter Erde, und damit zur radikalen Abkehr von der uralten Religion des Matriarchats auffordert: Auch im „Alten Testament" gibt es noch unterschwellig den Respekt vor „Mutter Erde". So wird im Buch Hiob (Kapitel

28) sehr ausführlich die Ausplünderung der Erde kritisiert. Der Psalmist zählt die wertvollen Schätze auf, die die Erde birgt. Rücksichtslos, so rügt der Psalmist, wird die Erde auf der Suche nach ihren Schätzen ausgeplündert (Hiob Kapitel 28, Verse 1-3): „Es hat das Silber seine Gänge und das Gold seinen Ort, wo man es läutert. Eisen bringt man aus der Erde, und aus dem Gestein schmilzt man Kupfer. Man macht der Finsternis ein Ende, und bis ins Letzte erforscht man das Gestein, das im Dunkel tief verborgen liegt.“ Rücksichtslos, so rügt der Psalmist zerwühlt der Mensch seine eigene Lebensgrundlage, nur um kostbare Erdschätze zu raffen. Dafür nimmt es der Mensch in Kauf, den lebensnotwendigen Wasserkreislauf zu unterbrechen (Hiob Kapitel 28, Verse 9-11): „Auch legt man die Hand an die Felsen und gräbt die Berge von Grund aus um. Man bricht Stollen durch die Felsen, und alles, was kostbar ist, sieht das Auge. Man wehrt dem Tröpfeln des Wassers und bringt, was verborgen ist, ans Licht.“

Die scheinbar schlichte Geschichte von Kain und Abel bietet ein Geheimnis. Was vordergründig wie ein einfacher Krimi um einen Brudermord anmutet, ist in Wirklichkeit die Beschreibung eines fundamentalen Konflikts: zwischen Patriarchat (Abel) und Matriarchat (Kain). Aber ist die Beschäftigung mit diesem Konflikt zwischen Anhängern des männlichen Jahwe und jenen der Muttergöttin mehr als von rein akademischer Bedeutung? Der Jahrtausende alte Streit ist heute aktueller denn je. Obwohl Wissenschaftler weltweit mahnend ihre Stimmen erheben, geht die Ausbeutung und Verschmutzung von „Mutter Erde“ weiter. Daran ist die patriarchalisch-monotheistischen Religion nicht unbeteiligt. Seit mehr als zwei Jahrhunderten verhallen verzweifelte Warnungen uralten matriarchalischen Denkens ungehört. Wie lange werden sie noch zu hören sein?

Im 19. Jahrhundert forderte der indianische Weisheitslehrer und religiöse Führer Smohalla (etwa 1815-1895) vom Stamm der Wanapum einen schonenden Umgang mit der Erde. Der Wanapum-Stamm lebte an den Ufern des Columbia-River von Priest Rapids bis zum Snake River im Gebiet des heutigen US-Staates Washington. Im Jahre 1805 erreichte die „Lewis und Clark Expedition“ die Wanapum. Häuptling Cutssahnem hieß die Fremden willkommen. Die Indianer teilten großzügig ihr Essen mit ihnen. Die Wanapum-Indianer - „Wilde“ in den Augen der christlichen Eindringlinge, waren zutiefst pazifistisch. Sie weigerten sich strikt, Konflikte mit Waffen auszutragen. Stattdessen beteten sie.

Smohalla hieß eigentlich Wak-wei, zu Deutsch: „Sich aus dem Staub der Mutter Erde erheben". Im Zentrum von Wak-weis Religion stand die Muttergottheit Erde. Wak Wei: „Es ist eine Sünde, unser aller Mutter zu verletzen oder zu schneiden, aufzureißen oder zu zerkratzen ... Ich soll in der Erde graben? Soll ich ein Messer nehmen und es in die Brust meiner Mutter stoßen? Wenn ich aber dann sterbe, wird mich ihr Schoß nicht aufnehmen. Du sagst mir, ich solle Steine ausgraben und wegtragen? Dann kann ich niemals wieder in ihren Körper eingehen und wiedergeboren werden."

Nach Prof. Sam Gill, einem nordamerikanischen Fachmann in Sachen Indianerbrauchtum, Religionswissenschaftler und Autor von Büchern wie „Mother Earth", kommt „Mutter Erde" als Schöpfer-Göttin „fast universal" in allen Glaubensvorstellungen der nordamerikanischen Indianer vor. Prof. Gill: „Man wird eine große Vielzahl von weiblichen Figuren finden, deren Geschichten ... oft sehr komplex und differenziert sind. Die meisten dieser vielen indianischen weiblichen Gestellten werden als Manifestationen von Mutter Erde gesehen werden."

Nordamerikanische Indianer schufen eine Vielzahl von heiligen Erzählungen. Mögen sie in ihren Handlungsabläufen auch stark variieren, so wie die der Griechen, so haben viele von ihnen etwas gemeinsam. Sie ranken um die heilige Urgöttin. Nordamerikanische Indianer, die an die heilige „Mutter Erde" glauben, stellen keine exotische Ausnahme dar: Im 19. und 20. Jahrhundert haben sich europäische Wissenschaftler von Rang intensiv mit der Stellung der „Mutter Erde" bei den alten Völkern der Welt auseinandergesetzt. Nach Gelehrten wie Albrecht Dieterich (1866-1908), Mircea Eliade (1907-1986), Andrew Lang (1844-1912), Sir Edward Burnett Tylor (1832-1917) und Ake Hultkrantz (1920-2006) hat sich die Göttin „Mutter Erde" in den Religionen schon vor „ewigen Zeiten" etabliert.

Es geht nicht um eine intellektuelle religionsgeschichtliche Diskussion ohne praktischen Nährwert. Vor Jahrtausenden siegte die Religion des patriarchalischen Gottes Jahwe über die Religion der großen Göttin. Kain wurde von Gott Jahwe zurückgewiesen, weil der Erstgeborene von

Adam und Eva der Göttin diente. Heute, Jahrtauende nach Kain und Abel, wird unser Leben vom patriarchalisch-religiösen Denken bestimmt. Eine Union aus Gläubigen wie Atheisten setzt nach wie vor das biblische Gebot „Macht euch die Erde untertan!“ in die Praxis um. Ganz ist die alte „Mutter Erde“ aber noch nicht verstummt. Bei den indianischen Nationen Nordamerikas wird „Mutter Erde“ auch heute noch höchste Verehrung zuteil. Ihr uralter Glaube hat die mörderische „Indianerpolitik“ des 19. Jahrhunderts überlebt. Manchmal überdauerten uralte Glaubenslehren, während indianische Völker ausgelöscht wurden. Die Nation der Cayuse-Indianer lebte einst im nordöstlichen Oregon. Epidemien und Kriege mit den Weißen haben das Volk ausgelöscht. Die wenigen Überlebenden wurden von anderen Stämmen aufgenommen. Nach ihrer Religion sollten die Cayuse so wie einst der biblische Kain „Mutter Erde“ alias „Adamah“ dienen. Der „große Geist“, „Ruach Gottes“ (in der Bibel weiblich!), habe die Menschen auf die Erde gebracht, damit sie sich „gut um den Boden kümmern und sich nicht gegenseitig Böses antun“.

Arvol Looking Horse, Chief der Lakota, Dakota und Nakota Nationen, beklagt zu Beginn des dritten nachchristlichen Jahrtausends: „Der Mensch ist die einzige Spezies, die Mutter Erde zerstört.“ Der Häuptling weiter: „Unsere Mutter Erde ist sehr krank geworden durch die zugefügten Verletzungen und wir sind dabei, die Möglichkeiten für ein gesundes Überleben künftiger Generationen zu vernichten.“

Leon Shenandoah (1915-1996) war Häuptling der großen indianischen Nation der Onondaga und zugleich religiöses Oberhaupt seines Volkes. Jeder Mensch, so forderte Leon Shenandoah, hat die heilige Pflicht, sich für das Wohlergehen von „Mutter Erde“ einzusetzen, aus der alles Leben kommt. Shenandoah: „Um Mutter Erde verteidigen zu können, müssen wir ihren Feind erkennen, in uns selbst.“ Der indianische Theologe setzte die „heilige Mutter Erde“ gleich mit der „Natürlichen Welt“. Man kann mit ihr in Harmonie leben und so den Grundstein für eine gute, harmonische Zukunft legen. Oder man kann weiterhin in egoistischer Weise Mutter Erde ausplündern – und so die eigene Zerstörung einleiten. Shenandoah: „Wir dürfen uns nicht heute auf Kosten des Wohlergehens künftiger Generationen bereichern!“

Im Winter des Jahres 2007 führte der Häuptling aus: „Wir leben in einer sehr gefährlichen Zeit! Die Menschen, die auf Mutter Erde leben, haben sich für eine Lebensweise entschieden, die uns allen Schaden zufügt. Diese Lebensweise baut auf Krieg, auf gegenseitiges Verletzen und kontinuierliche Entweihung von Mutter Erde: dadurch dass wir mehr von ihren Ressourcen nehmen als wir wirklich benötigen. Mutter Erde wird es sehr, sehr schwer haben, weiterhin Nahrung für alles Leben zu spenden.“

1868 kam es zum legendären „Vertrag von Fort Laramie“, der wie alle Abkommen nicht lange galt. Die Black Hills in Southdakota wurden von der US-Regierung als alleiniger Besitz der Lakota-Sioux anerkannt. Weiße, so hieß es ausdrücklich, durften im Indianergebiet nicht siedeln. Sie durften es ohne ausdrückliche Genehmigung der Indianer nicht einmal durchqueren. 1874 entsandte die US-Regierung Botaniker, Geologen und Kartografen ins heilige Indianerland, aus angeblich wissenschaftlichem Interesse. Sie wurden begleitet von eintausend Soldaten. Was scheinheilig zur „naturwissenschaftlichen Exkursion“ erklärt wurde, war in Wirklichkeit gezielte Provokation. Denn die Soldaten suchten auf Befehl von General Sheridan unter Führung des berüchtigten George Armstrong Custer im Indianerland nach einem geeigneten Platz für die Errichtung eines neuen Forts. Das aber war nach dem kurz zuvor abgeschlossenen Vertrag eindeutig untersagt.

Die „Wissenschaftler“ fanden vor allem Gold. Die Nachricht wurde lauthals verkündet. Goldgierige Abenteurer strömten in die Black Hills, überrannten förmlich das Indianerland. Schließlich nahm die Regierung die Verträge mit den Sioux zurück, die Black Hills sollten – wie geplant – dem „weißen Mann“ gehören.

Im Jahre 1980 entschied das oberste Gericht der USA nach Jahrzehnten des Prozessierens, dass den Sioux weit mehr als einhundert Millionen Dollar Schadenersatz zu leisten sei: für die illegale und hinterlistige Beschlagnahmung von Land, das für die indianische Bevölkerung heilig ist. Die Sioux lehnen bis heute das Geld der amerikanischen Regierung ab. Unangetastet liegt es bei einer Bank, dürfte inzwischen durch Zins- und Zinsenszins fast eine Milliarde erreicht haben. Heilige Orte von höchster Bedeutung sind für sie nicht verkäuflich. Lieber leben sie in bitterer Armut.

Die Sioux fordern nach wie vor die Rückgabe der Black Hills. Sie protestieren vehement, wenn das heilige Land entweiht wird, etwa durch den Bau einer riesigen Kneipe, fast direkt am Fuße des heiligen Berges gelegen. Mit Mühe konnte eine gewaltige Schießanlage verhindert werden. Ein neuer Campingplatz ist aber nach wie vor geplant.

Der heilige Berg „Paha Mato" („Bear Butte") war und ist für Dutzende Indianer-Völker zusammen mit den Black Hills das Hauptheiligtum ihrer Religion. Große Häuptlinge wie Crazy Horse oder Sitting Bull haben den Berg bestiegen, um allein zu beten, um Visionen (etwa von „Mutter Erde") zu erhalten. Für die Lakota-Indianer und zahlreiche andere indianische Völker war und ist der „Paho Mato" so etwas wie der Berg Sinai, der Sankt Peter zu Rom und ein uralter Friedhof zugleich ... ja mehr: die „Black Mountains" sind für sie „the heart of everything that is", „das Herz von allem, was ist".

Vor Jahrtausenden diente Kain „Mutter Erde". Heute fordern nordamerikanische Indianer, dass endlich „Mutter Erde" wieder geachtet und vor menschlichem Egoismus geschützt werden muss. Hoffentlich ist es dafür nicht schon zu spät.

Abb. 16: In Delphi wurde Göttin Demeter verehrt.
Foto Ingeborg Diekmann

Abb. 17: Abel und ein Engel, Urschalling (Chiemsee)

Der Turmbau zu Babel, die Bundeslade und die „Heilige Hochzeit“

Die „sieben Weltwunder“ faszinieren die Menschheit schon seit mehr als zwei Jahrtausenden. Schon im zweiten Jahrhundert vor Christus erkundete Antipatros von Sidon die damals bekannte Welt, also Mittelmeerraum und Vorderasien. Er verfasste einen Reiseführer zu den großen Rätseln der Welt. Folgende Denkmäler listete er als die wichtigsten Zeugnisse menschlichen Geistes und Könnens auf: die hängenden Gärten der Semiramis, den Koloss zu von Rhodos, das Mausoleum des Halikarnassos, den Leuchtturm von Pharos, die Pyramiden von Gizeh, den Tempel der Artemis in Ephesos und die Zeusstatue von Olympia. Nur die Pyramiden in Ägypten haben bis in die Gegenwart die Zeiten überdauert. Keines dieser sieben Weltwunder wird in der Bibel erwähnt. Seltsamerweise geht kein biblischer Autor auf die gigantischen Pyramiden im Nachbarland ein. Dafür schildert das „Alte Testament“ den legendären „Turm zu Babel“, der aber keine Anerkennung als „Weltwunder“ fand.

Der legendäre „Turm zu Babel“ muss beeindruckend gewesen sein, wenn man der Beschreibung im 1. Buch Mose (Kapitel 11, Verse 1-9) glaubt. Angeblich fühlte sich selbst Gott im Himmel vom Ansturm der Menschen über die „Himmelsleiter Turm zu Babel“ bedroht.

„Es hatte aber alle Welt einerlei Zunge und Sprache. Als sie nun nach Osten zogen, fanden sie eine Ebene im Lande Schinar und wohnten daselbst. Und sie sprachen untereinander: Wohlauf, lasst uns Ziegel streichen und brennen! - und nahmen Ziegel als Stein und Erdharz als Mörtel und sprachen: Wohlauf, lasst uns eine Stadt und einen Turm bauen, dessen Spitze bis an den Himmel reiche, damit wir uns einen Namen machen; denn wir werden sonst zerstreut in alle Länder. Da fuhr der Herr hernieder, dass er sähe die Stadt und den Turm, die die Menschenkinder bauten. Und der Herr sprach: Siehe, es ist einerlei Volk und einerlei Sprache unter ihnen allen und dies ist der Anfang ihres Tuns; nun wird ihnen nichts mehr verwehrt werden können von allem, was sie sich vorgenommen haben zu tun. Wohlauf, lasst uns hernieder fahren und dort ihre Sprache verwirren, dass keiner des andern Sprache verstehe! So zerstreute sie der Herr von dort in alle Länder, dass sie aufhören mussten, die Stadt zu bauen. Daher heißt ihr Name Babel, weil der Herr daselbst verwirrt hat aller Länder Sprache und sie von dort zerstreut hat in alle Länder."

Der biblische Bericht behauptet, dass Gott Angst vor den Möglichkeiten einer geeinten Menschheit hatte. Deshalb – so die Bibel – „zerstreute sie ... der Herr ... in alle Länder". Damit sich die Völker nicht mehr untereinander verstehen konnten, „verwirrte er ... aller Länder Sprache". Nach der Turmbau-Story des „Alten Testaments" gab es vor der Zerstörung des Turms durch in der gesamten Welt nur eine einzige Sprache. Diese Aussage steht im eklatanten Widerspruch zu einer anderen Aussage der Bibel. So heißt es im biblischen Text direkt vor der Geschichte vom „Turmbau zu Babel" (1. Buch Mose Kapitel 11, Verse 1-9), dass schon vorher unterschiedliche Völker in unterschiedlichen Ländern lebten und unterschiedliche Sprachen hatten (1. Buch Mose Kapitel 10, Vers 31): „Das sind die Söhne Sems nach ihren Geschlechtern, Sprachen, Ländern und Völkern."

In Kapitel 10 des 1. Buch Mose wird noch zwei Mal auf die Vielsprachigkeit der Völker bereits vor der „Turmzerstörung" durch Gott hingewiesen. Es gab also – laut Bibel – schon vor der angeblichen „Sprachverwirrung" unterschiedliche Sprachen. Vers 5: „Das sind die Söhne Japhets nach ihren Ländern, ihren Sprachen, Geschlechtern und Völkern." Vers 20: „Das sind die Söhne Hams nach ihren Geschlechtern, Sprachen, Ländern und Völkern."

Eindeutiges Fazit: Nach Aussage der Bibel gab es bereits vor der Zerstörung des Turms zu Babel unterschiedliche Völker, die in verschiedenen Ländern lebten und unterschiedliche Sprachen hatten. Die Vielfalt der Sprachen kann also nicht erst nach der Zerstörung des Turms entstanden sein. Außerdem ist die von der Bibel angebotene sprachliche Erklärung von Babel völlig falsch. Babel hat mit dem hebräischen „balal", zu Deutsch „verwirren", nichts zu tun. Warum sollte auch das Jahrtausende alte Reich von Babylon nach einem hebräischen Wort benannt worden sein, das es damals noch gar nicht gab?

Babel leitet sich eindeutig vom babylonisch-sumerischen „bab-ili" her, zu Deutsch von „Tor der Götter". Und deshalb muss das Bauwerk den frommen Jahwe-Anhängern ein Gräuel gewesen sein! Es durfte nur einen Gott geben. Ein „Tor der Götter" war für sie Sakrileg pur.

Anders als so manch andere spannende biblische Geschichte ist die von der „babylonischen Gefangenschaft“ keine fromme Fiktion sondern historische Realität. Diese für das Volk Israel bedeutsame Ära begann 598 v.Chr. mit der Eroberung Jerusalems durch den babylonischen König Nebukadnezar II. Sie endete 539 v.Chr., als der Perserkönig Kyros II. Babylon eroberte und die Kinder Jahwes in die Heimat zurückkehren durften, wenn sie wollten.

Wann mag mit dem Bau des Turms zu Babel begonnen worden sein? Das muss vor 689 v.Chr. gewesen sein, denn in diesem Jahr zerstörte der assyrische König Sennacherib das sakrale Bauwerk. Assurhaddon (680-669 v.Chr.) und Assurbanipal (668-631 v.Chr.), seine Nachfolger, versuchten, das einstige architektonische Prunkstück wieder zu rekonstruieren. Aber erst Nebukadnezar II. (604-562 v.Chr.) gelang die Vollendung des Wiederaufbaus. 600 v.Chr. machte Hammurapi Babylon wieder zur Hauptstadt des Babylonischen Reiches. Damals war der Turm von Babylon das stolze Wahrzeichen der Stadt. Die nach Babylon verschleppte Elite der Kinder Israels erlebte also den Turm von Babel in schönster Pracht.

323 v.Chr. war der einst so stolze Turm nur noch eine klägliche Ruine. Hatte ihn Xerxes I., der Perserkönig (486–465 v. Chr.) weitestgehend zerstören lassen? 323 jedenfalls befahl Alexander der Große, die verbliebene Ruine vollkommen abzureißen. Es war seine Absicht, das imposante Bauwerk von Grund auf neu erstehen zu lassen. Das mutige Bauvorhaben wurde aber nicht mehr in die Tat umgesetzt, da Alexander der Große am 10. Juni 323 v.Chr. – vermutlich von seinen Ärzten versehentlich vergiftet – in Babylon starb.

1913 gelang es dem deutschen Archäologen Robert Koldewey, das Fundament des Turms von Babel auszugraben. So wissen wir, dass der Turm einst quadratisch war und eine Seitenlänge von 91 Metern hatte. Wie hoch war der Turm insgesamt? Ragte er 90 Meter in den Himmel? Das ist ebenso umstritten wie die Zahl seiner Stockwerke. Es dürften sieben oder acht gewesen sein. Herodot besuchte im Jahre 450 v.Chr. Babylon. Herodot behauptet, er habe das Wunderbbauwerk gesehen. Das kann aber nicht stimmen. Zum Zeitpunkt seines Besuchs war der Turm bereits seit Jahrzehnten weitestgehend zerstört. Aber gewiss gab es damals noch Zeitzeugen, so dass die von Herodot überlieferte Beschreibung zutreffend sein dürfte. Herodot: „In der Mitte des Heiligtums erhebt sich ein gemauerter Turm. Auf diesem Turm steht ein zweiter, kleiner, auf ihm ein dritter und so fort. Insgesamt stehen acht Türme übereinander. Zu allen diesen Türmen führen Außentreppen. Ist man bis zur Hälfte hinaufgestiegen, kann man sich auf Bänken ausruhen."

Die erste, unterste Stufe des Turms bestand aus einem Kern aus Lehmziegeln. Und der war wiederum umhüllt von einer fünfzehn Meter dicken Schicht aus gebrannten Ziegeln.

Die Israeliten haben in der babylonischen Gefangenschaft den berühmten Stufenturm in bestem Zustand gesehen. Mit einer Höhe von etwa neunzig Metern würde er heute kein Aufsehen als „Wolkenkratzer" erregen. Vor zweieinhalb Jahrtausenden jedoch war er eine Sensation. Für die Israeliten aber war das Bauwerk nicht in erster Linie ein architektonisches Wunder. Deshalb enthält der Bericht der Bibel so gut wie keine konkreten Angaben über die Höhe oder über das äußere Erscheinungsbild des einstigen Weltwunders. Daher wissen wir nicht, ob der Turm vielleicht verputzt war. Wir wissen nicht, ob er bemalt war. Möglicherweise hatten die verschiedenen Stufen unterschiedliche Farben, die astrologisch bedeutsam waren. Derlei Äußerlichkeiten waren für die Verfasser der Turmbau-Geschichte vollkommen nebensächlich.

Die überzeugten Anhänger des Jahwekultes, vor allem die Priester der monotheistischen Religion waren in großer Sorge um die Zukunft des Volkes Israel. Oder hatten sie mehr Angst um ihre Religion? Würden die Menschen fern der Heimat ihrem Glauben treu bleiben? Oder würden sie die alten Lehren vergessen? Sie waren ja erheblichen fremden Einflüssen ausgesetzt ... sprich fremden Göttern und Göttinnen. In der sogenannten „babylonischen Gefangenschaft" ging es den Menschen aus dem „heiligen Land" keineswegs wie geknechteten Sklaven. Sie lebten in eigenen Siedlungen, trieben Handel und bauten sich Häuser.

Prof. Dr. Georg Fohrer betont in seinem Standardwerk „Geschichte Israels" (Heidelberg 1977, S. 192): „Es ist ferner wichtig, dass zwischen Einheimischen und Deportierten kein rechtlicher Unterschied gemacht wurde. Die Abgaben, die die Deportierten zu entrichten hatten, und der Frondienst, zu dem sie herangezogen wurden, lasteten auf allen Untertanen des Reiches."

Mit anderen Worten: Die „Gefangenen“ wurden wie Einheimische behandelt. Sie durften, wenn sie wollten, weiterhin ihrem Gott Jahwe treu bleiben. Während in der Heimat nach mosaischem Gesetz nur Jahwe verehrt werden durfte, war man im Reiche von Babylon tolerant. Das mosaische Gesetz sah für die Anbetung fremder Götter die Todesstrafe vor. Die Babylonier hingegen akzeptierten fremde Religiosität. Sie ließen Jahwe-Anhänger gewähren.

Je länger die „babylonische Gefangenschaft“ (Exil wäre der passendere Begriff) währte, desto mehr „Verschleppte“ arrangierten sich mit den neuen Lebensverhältnissen. Nicht wenige gaben den Glauben an Jahwe auf. Viele Deportierte wollten ganz bewusst Babylonier werden. Etwa die Hälfte der Kinder Jahwes blieben dann auch in Babylon, schlugen die Möglichkeit einer Rückkehr in die alte Heimat aus. Sie blieben lieber in der neuen, lieb gewordenen Umgebung. Manche von ihnen blieben ihrem alten Glauben treu. Andere wiederum huldigten zwar weiter dem zornigen Jahwe, beteten aber gleichzeitig zu Babylons Göttern. Und wiederum andere legten den Glauben an Jahwe ab. Sie taten es teils aus opportunistischen Gründen, um sich weniger von den neuen Landsleuten zu unterscheiden. Nicht wenige waren davon überzeugt, dass mit der Eroberung Jerusalems durch babylonische Truppen Jahwe besiegt worden war.

Für die Jahwe-Priester war ein Abfall vom Glauben ein todeswürdiges Vergehen, verabscheuungswürdig und nicht zu rechtfertigen. Für sie war der Turm von Babel ein steingewordenes Sakrileg. Was allerdings in ihren Augen ganz besonders empörend war, das verschweigt der biblische Text verschämt. Herodot allerdings vermeldet schon recht präzise: „Oben auf dem Turm steht ein großer Tempel. In ihm befindet sich ein breites Lager mit Kissen und einem goldenen Tisch.“ Dieser Tempel stellte für die Jahwe-Priester eine der schlimmsten Gotteslästerungen schlechthin dar. Werner Keller beschreibt in seinem Weltbestseller „Und die Bibel hat doch Recht/ Forscher beweisen die Wahrheit des Alten Testaments“ (Düsseldorf 1989, S. 274), was oben auf der Spitze des Turms zu Babel geschah: „Die siebente Stufe trug ein tempelartiges Gebäude, das vermutlich der ›Heiligen Hochzeit“ zu Neujahr diente.“

Der knapp gehaltene biblische Text über den Turmbau zu Babel und seine Zerstörung enthält zwei konkrete Hinweise: der „Wolkenkratzer“

sollte es den Menschen ermöglichen, von der Erde in den Himmel zu gelangen. Gott Jahwe fuhr vom Himmel herab, um das Treiben der Menschen zu beobachten. Genau das geschah bei der „Heiligen Hochzeit“: die Priesterin erklomm den Turm gen Himmel, die „Gottheit“ kam vom Himmel herab und wartete im Heiligtum auf seine Partnerin. Gemeinsam zelebrierten sie dann die „Heilige Hochzeit“ im Tempel.

Allerdings war es nicht der leibhaftige Gott selbst, der ins Brautgemach kam, sondern ein Stellvertreter. Babylonische Städte waren Stadtstaaten, die von einem Priesterkönig geleitet wurden. Der Priesterkönig und die Oberpriesterin vollzogen die „heilige Hochzeit“. Zwei Menschen aus Fleisch und Blut schlüpften in die Rolle von Göttern. Aus Sicht der Jahwepriester war das Blasphemie: Menschen, die sich für die Zeit des Rituals als Götter fühlten. Wenn das keine Gotteslästerung war! Es durfte nur einen Gott, nämlich Jahwe, geben! Und kein Mensch durfte sich wie ein Gott aufführen!

Die „Heilige Hochzeit“ gehörte schon vor vielen Jahrtausenden zum Jahreswechsel wie heutige Sylvesterfeiern mit Sekt und Feuerwerk. Der heilige Sex – Hurerei in den Augen der frommern Jahwe-Anhänger – sollte für ein weiteres Jahr Fruchtbarkeit gewähren: für Land und Leute. Mensch und Tier sollten sich weiter fortpflanzen können und ausreichend Nachwuchs haben. Mutter Erde sollte wieder genügend Nahrung für Mensch und Tier hervorbringen. Das ewige Rad des Lebens sollte sich wieder ein Jahr lang weiter drehen. Dieser heilige Ritus wurde nicht in Babylon „erfunden“. Er wurde wohl schon Jahrtausende früher importiert und zelebriert: auf heiligen Bergen, deren hohe Gipfel dem Himmel näher waren als der Erde. Die Stufenpyramiden im babylonisch-assyrischen Bereich dürften Nachbildungen der heiligen Berge gewesen sein, errichtet von den Nachkommen der einstigen Ahnen, die aus einem bergreichen Land nach Babylon kamen.

Im heiligen Gemach des Tempels auf dem „Turm zu Babel“ feierten der Priesterkönig und die Oberpriesterin das Ritual der „Heiligen Hochzeit“: der Priesterkönig in Vertretung von Gott Marduk, die Oberpriesterin für die Göttin Ischtar. Im Sumerischen war Marduk ursprünglich ein Lokalgott, der zum Oberhaupt der himmlischen Hierarchie aufstieg. Genauso verhielt es sich einst mit Jahwe: Jahwe war ursprünglich ebenfalls nur ein Lokalgott, der in Seir (Bergregion südöstlich vom Toten Meer) verehrt wurde. Der Berggott Jahwe wurde erst zum allmächtigen Jahwe gemacht.

Marduk könnte dabei als Vorlage gedient haben: Marduk schuf lange vor dem Gott des „Alten Testaments“ aus Lehm und Blut den Menschen. Unvorstellbar muss es für fromme Bibelleser sein, dass auch Jahwe wie einst Marduk eine Gefährtin hatte.

In den verbotenen Büchern des „Alten Testaments“, in „Stücke zu Daniel“ (Kapitel 2, Vers 1-21) und im „Buch Baruch“ (Kapitel 6, Vers 41) wird Marduk mit Bel/ Bal gleichgesetzt. Liest man das „Alte Testament“, so stellt man erstaunt fest, dass Bal mal als mächtiger Konkurrent Jahwes auftritt, mal aber auch mit Gott Jahwe identisch ist: Marduk alias Bel/ Bal alias Jahwe hatte eine Partnerin! Nüchtern betrachtet ist der Jahwe des „Alten Testaments“ eine jüngere Kopie des sumerischen Schöpfergottes Marduk. Wo aber ist Jahwes Ischtar?

Ischtar, die Partnerin Marduks, war identisch mit der Göttin Venus. Ischtar, auch Inanna genannt, begegnet uns als Astarte und Ascherah im „Alten Testament“. Warum wird sie im „Buch der Bücher“ so stiefmütterlich behandelt? Das geschieht nicht ohne Grund: Ascherah galt als Partnerin Els. Da El und Jahwe im „Heiligen Land“ oft als ein- und dieselbe Gottheit gesehen wurden ... war Ascherah alias Astarte alias Ischtar die Partnerin Els und somit auch Jahwes. Noch im 7. oder 8. Jahrhundert galten Ascherah und Jahwe als Paar. Das beweist die Inschrift auf einem Krug aus jener Zeit, der in Kuntillet’Adschrud gefunden wurde: „Ich habe Euch gesegnet durch Jahwe und seine Ascherah.“ Etwa 50 Kilometer von Kadesh Barnea (in der Negev-Wüste) entfernt wurden bei archäologischen Ausgrabungen Zeichnungen einer Göttin und eines Gottes gefunden. Wer das göttliche Paar war, das verrät eine Inschrift, vor Jahrtausenden in Ton geritzt: „Jahwe und seine Ascherah“. Ausgrabungen in Achrud und el-Qom belegen es eindeutig: Ascherah galt als die Gefährtin Jahwes, als seine Paargenossin. Laut dem prophetischen Buch „Habakuk“ kam Jahwe „von Teman her“. Ascherah aber war die Göttin von Teman. Offensichtlich galt also Teman als gemeinsamer Wohnsitz von Göttin Ascherah und Jahwe.

Es gibt also klare archäologische Hinweise auf die göttliche Partnerschaft von Ascherah und Jahwe. An der Existenz der Göttin neben

Jahwe aber kann es keinen Zweifel geben. Aus dem „Alten Testament" wissen wir, dass Jahwe und Ischtar lange Zeit Seite an Seite im Allerheiligsten des Tempels von Jerusalem präsent waren. Falsch ist die Annahme, dass Salomos Tempel vorwiegend oder gar ausschließlich der Verehrung von Jahwe allein diente. Das Zentralheiligtum des Judentums bestand 370 Jahre. Fast zwei Drittel dieser Zeit, immerhin 236 Jahre, beherbergte er eine Ascherah-Statue. In dieser Zeit muss es einen ständigen Kampf zwischen Anhängern und Gegnern der Göttin gegeben haben. Eine Zeitlang war eine Statue der Ischtar im Allerheiligsten bei Jahwe, dann wurde sie wieder entfernt. Einige Beispiele mögen diese wechselhafte Geschichte belegen:

König Rehabeam, Sohn des legendären Salomo, brachte die göttliche Statue der Astera alias Ischtar in den Tempel. Sie wurde etwa 35 Jahre lang im Zentrum der Religiosität verehrt: zusammen mit dem eifernden und zornigen Jahwe.

König Asra ließ sie entfernen, König Joasch wieder installieren. Nach 100 Jahren sorgte König Hezekiah dafür, dass Ascherah wieder aus dem Heiligtum verschwand. König Manasseh aber brachte sie wieder an ihren angestammten Platz.

König Josia setzte eine religiöse Reform durch. Ascherah wurde aus dem Tempel verbannt, kehrte aber nach dem Tod des Königs wieder zurück.

Zurück zum Turmbau zu Babel, zu Marduk und Ischtar ... und zurück ins „Heilige Land". Zum Jahresbeginn heirateten Marduk und Ischtar im Tempel auf der Spitze des Turms zu Babel.

Ischtar, die große Mutter- und Himmels-Göttin, ehelicht den jugendlichen Gott Tammus. Tammus stirbt und kommt in die Unterwelt. Damit ist das Los der Natur auf Erden erst einmal besiegelt. Denn jetzt stirbt auch die Natur auf Erden. Alles, was zum Wohle von Mensch und Tier wuchs und blühte, das erstarrt. Mensch und Tier sind nun vom Hungertod bedroht, denn ohne lebende Natur gibt es keine Nahrungsmittel. Bitter beklagen Göttin und Menschen den Tod des Gottes. Die Göttin aber bringt Rettung. Sie steigt in die Unterwelt hinab und holt mit viel Mühe Tammus wieder zurück. Jetzt kann die Natur wieder zu neuem Leben erwachen. Die Hoffnungslosigkeit hat ein Ende. Der Tod ist erst einmal wieder besiegt – vorerst. Denn ein Jahr später wir die

Göttin wieder heiraten, wird ihr Partner wieder sterben.. und mit ihm die Natur! Und wieder wird die Göttin ins Totenreich hinabsteigen müssen, um den Gatten zurück zu holen, damit auf Erden die Natur wieder zu neuem Leben erwachen kann.

Die „Heilige Hochzeit" musste zwischen Göttin und Gott alle Jahre wiederholt werden, damit auf die Trockenzeit ein neues Aufblühen der Natur erfolgen kann. Die Rollen von Gott und Göttin übernahmen im alten Babylon der irdische Regent als „Gott" und die Oberpriesterin als „Göttin". Die rituelle Zeremonie auf den künstlichen Bergen (wie dem Turm zu Babel) wurde wohl im „Heiligen Land" auf natürlichen Bergen zelebriert. Die religiöse Zeremonie war in den Augen der empörten Jahwe-Anhänger ein todeswürdiges Vergehen. Wurde doch fremden Gottheiten gehuldigt! Aber dann war noch sakraler Sex mit im Spiel ... „Hurerei" in den Augen der Jahwisten, die ebenfalls nach mosaischem Gesetz nur mit der Todesstrafe geahndet werden konnte. Gleich zwei Todsünden wurden also gleichzeitig begangen. Trotz der Verbote im mosaischen Gesetzeseswerk wurde der Göttin auch im „Heiligen Land" gehuldigt. Das „Alte Testament" spricht von „Tempelhurerei". Dessen ungeachtet wurde auch auf den Anhöhen der Berge im Heimatland der Juden einmal jährlich die „Heilige Hochzeit" begangen: als sakrale Handlung, um den ewigen Kreislauf des Lebens aufrecht zu erhalten.

Das 1. Buch der Könige berichtet (Kapitel 14, Verse 22-24): „Und Juda tat, was dem Herrn (Jahwe) missfiel; und sie reizten ihn mehr, als alles ihn reizte, was ihre Väter getan hatten mit ihren Sünden, die sie taten. Denn auch sie machten sich Höhen, Steinmale und Ascherahbilder auf allen hohen Hügeln und unter allen grünen Bäumen. Es waren auch Tempelhurer im Lande; und sie taten alle die Gräuel der Heiden, die der Herr vor Israel vertrieben hatte."

Der salomonische Tempel bestand 370 Jahre. Immerhin 236 Jahre davon, also fast zwei Drittel der Zeit, beherbergte er eine Ascherah-Statue. Aber was bedeutete die Präsenz der Göttin im Allerheiligsten des Tempels zu Jerusalem konkret und praktisch? Das mosaische Gesetz verbietet ausdrücklich die „Heilige Hochzeit". Ihre Ausübung wird nicht nur ganz allgemein untersagt. Es wird auch konkreter verboten, im Tempel Jahwes der Göttin zu huldigen. Allerdings wird im mosaischen Gesetzestext versucht, den sündigen Sachverhalt etwas diskreter zu umschreiben. So heißt es im 5. Mose (Kapitel 23, Verse 18 und 19): „Es soll keine Tempeldirne sein unter den Töchtern Israel und kein Tempelhurer unter den Söhnen Israel. Du sollst keinen Hurenlohn noch Hundegeld in das Haus des Herrn (Jahwe), deines Gottes, bringen aus irgendeinem Gelübde; denn das ist dem Herrn (Jahwe), deinem Gott, beides ein Gräuel."

Sollte es denn im Bereich des Jahwe-Tempels von Jerusalem auch die Praxis der „Heiligen Hochzeit" gegeben haben? Offenbar wurde der uralte Ritus auch im „Heiligen Land" praktiziert ... aus der „babylonischen Gefangenschaft" von Heimkehrern ins Jahwe-Land mitgebracht? Erinnern wir uns Alle Jahre wieder spielte sich das gleiche Ritual ab. Die „Heilige Hochzeit" zwischen Göttin und Gott wird vollzogen. Dann sterben Gott und Natur. Nach dem Tod des Gottes wird sein Dahinscheiden beweint. Die Göttin steigt ins Totenreich hinab und holt ihn zurück. Die Natur erwacht zu neuem Leben. Im „Alten Testament". Im „Alten Testament" wird die „Heilige Hochzeit" nicht beim Namen genannt. Das Ritual wird auch nicht beschrieben, wohl aber die Zwischenphase: das Trauern um den toten Gott Tammus (Hesekiel Kapitel 8, Vers 14): „Und er führte mich zum Eingang des Tores am Hause des Herrn (Jahwe), das gegen Norden liegt, und siehe, dort saßen Frauen, die den Tammus beweinten.")

Offenbar wurde im Tempel von Jerusalem immer wieder dem Gott Jahwe und seiner Göttin gehuldigt. Das war für Jahwe-Gläubige das wahrscheinlich schlimmste Sakrileg! Im prunkvollen Jahwe-Tempel in Jerusalem hatte nur ein Gott zu residieren: Jahwe, der mächtige Gott des Patriarchats. Und doch gab es immer wieder die Göttin im Tempel. Sollte es im Zentralheiligtum des Judentums vielleicht gar die „Heilige Hochzeit" gegeben haben? Einen indirekten, aber recht deutlichen Hinweis gibt es im 2. Buch der Könige. Da wird betont, dass der Jahweanhänger König Josia tatkräftig und zerstörerisch gegen das uralte Ritual der „Heiligen Hochzeit" zu Werke ging. Für ihn, den Jahwe-Anhänger, war die uralte Zeremonie kein sakraler Akt, sondern „Tempelhurerei". Und doch gab es ganz offensichtlich am Zentralheiligtum selbst Gebäude, die direkt mit eben diesem vermeintlich „sündigen Kult" zu tun hatten (2. Könige Kapitel 23, Vers 7): „Und er brach ab die Häuser der Tempelhurer, die an dem Hause des Herrn (Jahwe) waren, in denen die Frauen Gewänder für die Ascherah wirkten."

Nirgendwo in der Bibel steht, wer die sakralen Gebäude der Göttin und der „Heiligen Hochzeit“ wann errichten ließ. Uns wird nur mitgeteilt, dass sie auf Befehl von König Josia abgerissen werden mussten. Und trotzdem fanden Archäologen eine Vielzahl von Göttinnen-Figürchen rund um den Tempelplatz von Jerusalem. Die Göttin muss, das beweist die Archäologie, sehr mächtig und beliebt gewesen sein!

Was in den Tempeln hoch oben auf heiligen Zikkurats wie dem Turm von Babylon praktiziert wurde, das galt für die monotheistischen patriarchalischen Jahweanhänger als schlimmste Sünde. Für die Anhänger der Göttin war der Tempel hoch oben auf den heiligen Türmen „Bab-El“: die Pforte Gottes. Hier berührten sich die menschlich-irdische Welt und die des Göttlich-Weiblichen. Hier tat sich eine Tür zum Weiblich-Himmlischen auf. Für die Jahwe-Anhänger war die große Göttin mit den vielen Namen die „Hure Babylon“. Nirgendwo sonst wird der uralte Ritus in der Bibel so klar beschrieben, wenn auch moralisierend abwertend, wie in der Offenbarung nach Johannes (Kapitel 17, Verse 1,2 und 5): „Und es kam einer von den sieben Engeln, die die sieben Schalen hatten, redete mit mir und sprach: Komm, ich will dir zeigen das Gericht über die große Hure, die an vielen Wassern sitzt, mit der die Könige auf Erden Hurerei getrieben haben ... und auf ihrer Stirn war geschrieben ein Name, ein Geheimnis: Das große Babylon, die Mutter der Hurerei und aller Gräuel auf Erden.“

So verachtenswert das Jahrtausende alte Ritual der „Heiligen Hochzeit“ den Anhängern des zornigen Gottes Jahwe auch war, so finden sich trotzdem uralte Zwiegesänge zwischen Göttin und Gott in der Bibel. Niemand vermag zu sagen, wer das dem legendären König Salomo zugeschriebene „Hohelied“ verfasste. Niemand weiß wirklich, warum dieser von lebensfreudiger Erotik nur so strotzende Text überhaupt in den Kanon der Bibel aufgenommen wurde. Rabbi Akiba (70-135 n.Chr.) soll es durchgesetzt haben, dass das „Hohelied“ in die Bibel kam: als Loblied auf die Liebe zwischen Gott und Israel. Christliche Theologen interpretierten später das erotische Lied als symbolische Dichtung über die Liebe Jesu zu seiner Kirche oder zu seiner jungfräulichen Mutter. Andere christliche Interpreten meinten, es sei von Gott und seiner Liebe zur Seele des Menschen die Rede.

Keine dieser gewiss fromm gedachten Interpretationen vermag zu überzeugen. Es geht um die Liebe zu einer Frau, und das nicht im „übertragenen Sinn“. In manchmal im wahrsten Sinne des Wortes blumiger Sprache wird die Sexualität zwischen Mann und Frau beschrieben (Das „Hohelied“ Kapitel 2, Vers 16): „Mein Liebster ist mein, und ich bin sein, der in den Lilien weidet.“ Immer wieder werden die körperlichen Reize der geliebten Frau geschildert. Da ist nicht von Jesu jungfräulicher Mutter die Rede, auch nicht vom Volk Israel oder von der christlichen Kirche (Das „Hohelied“ Kapitel 4, Verse 1-11):

„Siehe, meine Freundin, du bist schön! Siehe, schön bist du! Deine Augen sind wie Taubenaugen hinter deinem Schleier. Dein Haar ist wie eine Herde Ziegen ... Deine Zähne sind wie eine Herde geschorener Schafe, die aus der Schwemme kommen... Deine Lippen sind wie eine scharlachfarbene Schnur, und dein Mund ist lieblich. Deine Schläfen sind hinter deinem Schleier wie eine Scheibe vom Granatapfel. Dein Hals ist wie der Turm Davids... Deine beiden Brüste sind wie junge Zwillinge von Gazellen, die unter den Lilien weiden ... Du bist wunderbar schön, meine Freundin, und kein Makel ist an dir ... Du hast mir das Herz genommen, meine Schwester, liebe Braut, du hast mir das Herz genommen mit einem einzigen Blick deiner Augen, mit einer einzigen Kette an deinem Hals. Wie schön ist deine Liebe, meine Schwester, liebe Braut! Deine Liebe ist lieblicher als Wein, und der Geruch deiner Salben übertrifft alle Gewürze. Von deinen Lippen, meine Braut, träufelt Honigseim. Honig und Milch sind unter deiner Zunge, und der Duft deiner Kleider ist wie der Duft des Libanon.“

Eine sorgsame sprachliche Analyse des „Hohenlieds“ scheint auf eine Entstehungszeit nach der Rückkehr aus der „babylonischen Gefangenschaft“ hinzuweisen. Oder wurde der Text nur in der Zeit „nach Babylon“ bearbeitet? Brachten die Heimkehrer aus Babylon die „Heilige Hochzeit“ zwischen Göttin/Priesterin und Gott/König als fremdes Glaubensgut in die Heimat? Oder gab es schon Jahrtausende früher im „Heiligen Land“ den Brauch der „Heiligen Hochzeit“, wie Matriarchatsforscherin Gerda Weiler (1921-1994) vermutet? Geographische Begriffe wie „Tirza“, „Jerusalem“ und „Gilead“ (Das „Hohelied Kapitel 6, Verse 4 und 5) könnten so gedeutet werden, dass der Text im „Heiligen Land“ entstanden ist. Diese Angaben können aber ebenso von späteren Bearbeitern eingefügt worden sein.

Nach intensiver Erforschung des „Alten Testaments“ kam Gerda Weiler („Das Matriarchat im Alten Israel“) zur Überzeugung, dass der patriarchalische Jahwe-Glaube auf einem älteren Kult basiert. Demnach ist der Gott des Zorns Jahwe Nachfolger der Muttergöttin. Offenbar gelang es aber den Jahwe-Anhängern nicht, die Göttin in Vergessenheit geraten zu lassen!

So patriarchalisch der große Gott des Zorns auch immer wieder mit brutaler Gewalt auftritt, so matriarchalisch mag seine Herkunft sein. Die Bundeslade, nach Jahwes persönlichen Anweisungen gebaut, weist auf uralte Riten hin, mit denen die Göttin geehrt wurde. So heißt es im 1. Buch Samuel, dass die Söhne Elis „böse Dinge“ taten (Kapitel 2, Vers 22): „Sie ... schliefen ... bei den Frauen, die vor der Stiftshütte Dienst taten“. In der Stiftshütte befand sich das heiligste Objekt des Judentums: die „Bundeslade“. Sakraler Sex vor dem Heiligtum ... das war Teil des Kults um die „Heilige Hochzeit“.

Unscheinbare Namen haben oft eine tiefere Bedeutung: Elis Frau war Hannah. „Eli“ bedeutet „mein Gott“. „Hannah“ ist die Kurzform von „Hannahhannah“. So hieß die hethitische Muttergöttin, auch „erhabene Göttin“ genannt. In der Ehe von Eli und Hannah treffen also Jahwe („mein Gott“) und die Muttergöttin aufeinander ... wie in der „Heiligen Hochzeit“ vertreten Menschen Gott und Göttin.

Gibt es noch weitere Hinweise auf die Bundeslade und die „Heilige Hochzeit“ im „Alten Testament“? Das ist unbestreitbar der Fall. Allerdings sind sie von eifrigen Übersetzern getilgt worden oder zumindest unkenntlich gemacht worden. Zum Glück liegen aber die hebräischen Originaltexte noch vor, auf die der suchende Bibelforscher immer wieder zurückgreifen kann.

Nach langen Irrwegen sollte das heiligste Objekt des Judentums endlich nach Jerusalem gebracht werden, zur großen Freude von König David und von seinem Volk. David und „ganz Israel“, so berichtet das zweite Buch Samuel (Kapitel 6, Vers 5) „tanzte vor dem Herrn her mit aller Macht im Reigen, mit Liedern, mit Harfen und Psaltern und Pauken und Schellen und Zimbern.“

„Mit aller Macht“ scheint auf besonders intensives Tanzen hinzuweisen. Im hebräischen Original allerdings steht da: „becol ase beroschim“, zu Deutsch „mit allen Wacholderbäumen“. Warum wurden die „Wacholderbäume“, mit denen getanzt wurde, von den Übersetzern gelöscht? Wenig später tauchen die „Wacholderstäbe“ erneut auf (Vers 14), wieder kommen sie in den Übersetzungen nicht mehr vor. Sollte das Volk Phallussymbole aus Holz zur Begrüßung der Bundeslade mitgebracht haben? Solche Symbole allerdings passen eher zum Jubelempfang einer Göttin als eines Gottes.

David trug bei seinem Tanz vor der Lade nur einen „linnenen Schurz“, war also fast nackt. Ist wirklich von König David die Rede, der sich so ganz und gar nicht würdevoll benahm? Im Hebräischen lesen wir „dwd“. Diese drei Konsonanten können für „Dawid/David“, aber auch für „Dod“ stehen. „Dod“ aber bedeutet „Liebling der Göttin“. Bei „Dod“ könnte es sich um Gott Baal gehandelt haben. Ein weiterer Hinweis deutet auf Baal hin. Im „Hohenlied“ (Kapitel 4, Verse 9-11) spricht der göttliche König seine Partnerin mit „meine Schwester“ an. Ihre Liebe sei besser und schöner als Wein. Baal vollzog die „Heilige Hochzeit“ mit seiner Schwester, der göttlichen Anat. Baal wiederum wird häufig mit Jahwe selbst identifiziert. Stellte also David keinen Geringeren als Jahwe dar? Oder präziser: Wurde Dwd während der Zeremonie der „Heiligen Hochzeit“ zu Jahwe?

So ergibt sich ein ganz anderer, durchaus brisanter Sinn: der „Liebling der Göttin“ tanzte fast nackt vor der Bundeslade. Zwangsläufig denkt man an das uralte Ritual von Göttin und Gott. Die Bundeslade stand auf einem Karren, der von Rindern gezogen wurde (2. Samuel Kapitel 6, Vers 6). Rinder als Zugtiere weisen auf eine Göttin, auf ein weibliches Kultobjekt hin.

Bei Perez-Uzza kam es zu einem Unfall. Die Rinder stolperten, Usa/Uzza griff nach der Lade. Er wollte verhindern, dass das heilige Kultobjekt herabstürzte. Usa/Uzza bezahlte die Berührung mit dem Leben. Uzza aber war in der arabischen Welt die mächtigste Göttin der Morgenröte, also die Venus. So erinnert der Ort des angeblichen Unfalls an die mächtige Venus, Göttin der Liebe. Wenn ein Mann das Heiligtum einer Göttin berührte, dann war das ein Tabubruch, der sehr wohl mit der Todesstrafe geahndet worden sein kann. Der Tempel auf der Spitze des Turms zu Babel durfte auch nur von Priesterinnen betreten werden. Der einzige Mann der zugelassen war, das war der auserwählte Partner der Göttin.

„Perez-Uzza“ lässt sich übersetzen mit „Riss der Uzza“: „Riss der Göttin Uzza“ umschreibt den Geschlechtsakt, der bei der „Heiligen Hochzeit“ vollzogen wurde. Offenbar versuchten die Bibelbearbeiter die Erinnerung an Göttin Uzza auslöschen und erfanden eine neue Bedeutung des Namens. Tatsächlich aber wurde wohl an jenem Ort einst die „Heilige Hochzeit“ gefeiert.

Zur euphorischen Begrüßungsfeier für die Lade wurde (2. Buch Samuel Kapitel 6, Vers 19)“Brotkucken“ gereicht. Was nach bescheidener Kost klingt ... weist in Wirklichkeit auf die „Heilige Hochzeit“ hin. „Brotkuchen“ heißt im Hebräischen „chalath lächäm“. Die korrektere Übersetzung wäre Ringbrot. Das hebräische „chalath“ („Ring“) geht auf „chll“ zurück. „Chll“ heißt unter anderem „defloriert werden“. Im Textzusammenhang erhält das „Ringbrot“ eine ganz spezielle Bedeutung: In der „Heiligen Hochzeit“ wurde der menschliche König zum Gott, zum auserwählten Partner der Göttin. Diesen Part übernimmt der fast nackt tanzende David, der zum Dod, also zum Liebling der Göttin wird.

Gerda Weiler schreibt in ihrem grundlegenden Werk „Das Matriarchat im Alten Israel“ (Stuttgart 1989, S. 228): „Überall gilt die Schöpfung als Werk der weiblichen hervorbringenden Kraft, und der ›Gott‹ ist das Geschöpf der Himmelskönigin, er ist sterblich wie die Natur.“ Tatsachlich ist es die göttliche Adamah, aus der im Schöpfungsbericht Pflanzen, Tiere und Menschen hervorgehen. Kain verehrte Adamah und huldigte ihr.

Das biblische „Hohelied“ kann sehr wohl auf eine Urform zurückgehen, die lange vor dem babylonischen Exil im „Heiligen Land“ verfasst und gesungen wurde. Im Lauf der Entwicklungsgeschichte des ungewöhnlichen Textes wurde das „Hohelied“ ganz massiv bearbeitet und verändert. Sprachliche Ausdrücke aus der Zeit nach der Rückkehr aus Babylon können sehr wohl von Bearbeitern aus dieser späten Epoche eingefügt worden sein. Über das Alter des Liedes in seiner Urfassung ist damit noch nichts ausgesagt.

Das „Hohelied“ thematisiert die Liebe zwischen einem König und einer Frau. Der König wird manchmal (aber nicht immer!) als Salomo bezeichnet. Warum wurde der berühmte König zum Verfasser des „Hohenliedes“ gemacht? Warum wird gelegentlich der König aus dem erotischsten Text der Bibel als Salomo identifiziert? Das geschieht vermutlich deshalb, weil Salomo allem Jahwe-Fanatismus zum Trotz zu Göttinnen betete. Sollte er tatsächlich auch die „Heilige Hochzeit“ gefeiert haben?

Einen deutlichen Hinweis auf Salomos Verehrung matriarchalischer Göttinnen gibt das erste Buch der Könige (Kapitel 3, Verse 2-4): „Aber das Volk opferte noch auf den Höhen; denn es war noch kein Haus gebaut dem Namen des Herrn bis auf diese Zeit. Salomo aber hatte den Herrn lieb und wandelte nach den Satzungen seines Vaters David, nur dass er auf den Höhen opferte und räucherte. Und der König ging hin nach Gibeon, um dort zu opfern; denn das war die bedeutendste Höhe. Und Salomo opferte dort tausend Brandopfer auf dem Altar.“

Salomo galt als besonders weiser und frommer König. Angeblich ließ er den legendären „salomonischen Tempel“, das Zentralheiligtum des Judentums, bauen. Ihm etwas Negatives nachzusagen, das gehörte sich eigentlich nicht. Und so wird zunächst betont, dass Salomo nach den religiösen Vorschriften lebte und „Jahwe lieb hatte“. Dann aber wird darauf hingewiesen, dass Salomo ebenso wie „das Volk auf den Höhen ... opferte“. Auf den Höhen der Berge aber wurde der Himmelskönigin des Matriarchats gehuldigt. Im 11. Kapitel wird das erste Buch der Könige noch deutlicher (Vers 5): „So diente Salomo der Astarte, der Göttin derer von Sidon und dem Milkom, dem gräulichen Götzen der Ammoniter.“

Der göttliche Name Milkom deutet auf das hebräische Wort „mäläk“ („König“) hin. Wenn es heißt, dass Salomo Milkom und Astarte diente, dann ist das ein glasklarer Hinweis auf die „Heilige Hochzeit“ zwischen Göttin und König. Die Göttin wählte sich ihren König aus. Dadurch wurde der König selbst vergöttlicht. Schuld an Salomos Abkehr von Jahwe waren – so die Bibel (1. Buch der Könige Kapitel 11, Verse 1-4) – seine siebenhundert Hauptfrauen und dreihundert Nebenfrauen, allesamt „Heiden“.

So gesehen passt die Zeremonie der „Heiligen Hochzeit“ sehr wohl zu König Salomo. Und das „Hohelied“ könnte in der Tat mit König Salomo zu tun haben. Wie auch immer: Den Helden des „Hohenliedes“ krönte (Das „Hohelied“ Kapitel 3, Vers 11) „seine Mutter ... am Tage seiner Hochzeit, am Tage der Freude seines Herzens“.

Die Krönung des Königs am Tag seiner Hochzeit weist auf die „Heilige Hochzeit“ hin: am Tag des feierlichen Rituals wird der König zum Gott „gekrönt“. Dass dies durch seine Mutter geschieht, das passt so gar nicht in das patriarchalische „Heilige Land“, wohl aber zur mutterrechtlichen Religion der Himmelskönigin.

Ist es ein Zufall, dass der König seine Partnerin (Das „Hohelied“ Kapitel 5, Vers 2) mit „meine Taube, du Makellose“ anredet? Die Taube stand für die Göttin Venus. Diese Göttin war die ideale Partnerin für die „heilige Hochzeit“. Die ältesten Muttergöttinnen wurden fast immer auch als Vegetationsgöttinnen gesehen – und galten als dunkelhäutig. Schwarz war auch die Farbe der Todesgöttin ... Das passt zur Himmlischen, die nach der „Heiligen Hochzeit“ ihren Partner wieder aus dem Totenreich zurückholt, um die Natur wieder zu beleben und neu sprießen zu lassen. Ist es ein Zufall, dass das „Hohelied“ ausdrücklich auf die dunkle Hautfarbe der geliebten Frau hinweist? In den gängigen Übersetzungen lesen wir (Das „Hohelied“ Kapitel 1, Vers 5): „Ich bin braun, aber gar lieblich, ihr Töchter Jerusalems.“

Im Originaltext wird deutlich, dass die Übersetzungen aus der „schwarzen“ eine „braune“ Schönheit machen. Im Originaltext gibt es zudem keinen Gegensatz zwischen „braun“ und der Schönheit der Frau. Der Widerspruch zwischen „braun“ und „schön“ wird erst in den Übersetzungen konstruiert. Im Original heißt es: „In bin schwarz und lieblich.“ Völlig korrekt – und abweisend von allen gängigen Bibelausgaben – übersetzt der Theologe Wilhelm Erbt in seinem Buch „Die Hebräer“ (Leipzig 1906, S, 198): „Schwarz bin ich und begehrt.“

Die himmlische Partnerin in der „heiligen Hochzeit“ war jungfräulich im Sinn von rein: Es ging um ein heiliges Ritual, nicht um profanen Sex. Genau so wird die Partnerin des Königs im „Hohenlied“ beschrieben: als reine „Taube“ (also als „reine Göttin Venus“), die der König als seine Göttin allen anderen Königinnen vorzieht (Das „Hohelied“ Kapitel 6, Vers 9): „Aber eine ist meine Taube, meine Reine!“

Zum Ritual der „Heiligen Hochzeit“ gehört die Suche der Göttin nach ihrem „König“: der vergöttlichte König ist ins Totenreich entschwunden. Das hat zur Folge, dass die Natur stirbt. Die Himmelskönigin muss sich auf die Suche machen und ihn finden. Sie muss ihn zurück ins Leben holen. Nur dann kann sich das ewige Rad des Lebens weiter drehen, die Natur wieder zu neuem Leben erwachen.

Das „Hohelied“ ist für die Aufnahme in den Kanon der Bibel bearbeitet worden. „Heidnische“ Namen sind ausgetilgt worden. Kurioser Weise taucht der Name „Jahwe“ kein einziges Mal im gesamten „Hohenlied“ auf. Erschwert wird die Interpretation, weil der Text nicht mehr in seiner ursprünglichen Form vorliegt: Die Reihenfolge der einzelnen Textbausteine wurde durcheinandergebracht. Man kann nur versuchen, die ursprüngliche Reihenfolge zu rekonstruieren. Unabhängig davon, ob dies gelingt oder nicht: die Hinweise auf die „Heilige Hochzeit“ im „Hohenlied“ sind unbestreitbar.

Was in heutigen Bibelausgaben am Ende steht, kann durchaus ursprünglich den Anfang gebildet haben. So heißt es in heutigen Übersetzungen fast ganz am Schluss („Hoheslied“ Kapitel 8, Vers 13): „Die du wohnst in den Gärten, lass mich deine Stimme hören; die Gefährten lauschen dir.“ In der Urfassung dürfte dies die Einleitung gewesen sein: die Göttin der Fruchtbarkeit wird angerufen.

Es geht dem Verfasser des „Hohenliedes“ um die Identität der Himmlischen („Hoheslied“ Kapitel 6, Vers 10): „Wer ist sie, die hervorbricht wie die Morgenröte, schön wie der Mond, klar wie die Sonne, gewaltig wie ein Heer?“ In symbolhafter Sprache wird die Sehnsucht des männlichen Gottes nach der Göttin ausgedrückt (Verse 11 und 12): „Ich bin hinabgegangen in den Nussgarten, zu schauen die Knospen im Tal, zu schauen, ob der Weinstock sprosst, ob die Granatbäume blühen. Ohne dass ich's merkte, trieb mich mein Verlangen zu der Tochter eines Fürsten.“

Schließlich antwortet die Göttin selbst. Sie wendet sich, typisch für die Göttin des Matriarchats, an die Frauen, an die „Töchter Jerusalems“ (Kapitel 1, Vers 5). Der durch die „Heilige Hochzeit“ von der Göttin zum Partner gemachte Mensch wird vermisst. Er ist ins Totenreich hinabgestiegen („Hoheslied“ Kapitel 6, Vers 2): „Mein Freund ist hinabgegangen in seinen Garten, zu den Balsambeeten.“ Trotz aller Bearbeitung findet sich nach wie vor die Suche der Göttin aus der „Heiligen Hochzeit“ nach ihrem Partner (Kapitel 6, Vers 1): „Wo ist denn dein Freund hingegangen, o du Schönste unter den Frauen? Wo hat sich dein Freund hingewandt? So wollen wir ihn mit dir suchen.“

Die Göttin sucht ihn verzweifelt, doch ohne Erfolg. Schließlich dringt sie ins Totenreich ein, den gestrengen Hütern zum Trotz. Sie muss jene Grenze überschreiten, die nur die Toten überwinden können. Die Wärter demütigen sie, reißen ihr die Kleidung vom Leibe. Nackt verlässt sie das Reich der Lebenden und betritt jenes der Toten. Sie lässt sich nicht beirren. Kaum ist sie an den Wächtern der Unterwelt vorbei, kann sie frohlocken („Hoheslied" Kapitel 3, Vers 4): „Als ich ein wenig an ihnen vorüber war, da fand ich, den meine Seele liebt. Ich hielt ihn und ließ ihn nicht los." Wieder einmal ist der Tod überwunden („Hoheslied" Kapitel 8, Vers 6): „Ich lege mich wie ein Siegel auf dein Herz, wie ein Siegel auf deinen Arm. Denn Liebe ist stark wie der Tod und Leidenschaft unwiderstehlich wie das Totenreich."

Der Wiedererweckte ist überglücklich: nicht nur aus persönlichen Motiven, weil er wieder lebt und das Totenreich verlassen darf! Es geht nicht nur um ihn allein, es geht um die ganze Welt! Mit seiner Wiederauferweckung kann auch die Natur zu neuem Leben erblühen („Hoheslied" Kapitel 2, Verse 10-14): „Steh auf, meine Freundin, meine Schöne, und komm her! Denn siehe, der Winter ist vergangen, der Regen ist vorbei und dahin. Die Blumen sind aufgegangen im Lande, der Lenz ist herbeigekommen, und die Turteltaube lässt sich hören in unserm Lande. Der Feigenbaum hat Knoten gewonnen, und die Reben duften mit ihren Blüten. Steh auf, meine Freundin, und komm, meine Schöne, komm her! Meine Taube in den Felsklüften, im Versteck der Felswand, zeige mir deine Gestalt, lass mich hören deine Stimme; denn deine Stimme ist süß, und deine Gestalt ist lieblich."

Der Name der Göttin wurde zwar von den Bibelbearbeitern entfernt. Doch die Anrede „meine Taube" ist geblieben. Wir können die Göttin im „Hohenlied" als Venus, Göttin der Liebe und des Lebens, identifizieren.

Die Göttin hat also ihren Partner der „Heiligen Hochzeit" zurück ins Leben gerufen. Auf den Tod folgt wieder Leben, die Natur sprießt und gedeiht wieder. Die Göttin tanzt. Göttin und Gott (Priesterin und Priester) tafeln und feiern.

Hartmut Schmökel schreibt in seinem Buch „Heilige Hochzeit und Hoheslied" (Wiesbaden 1956, S. 120): „Es war kein fremder Gott, der da auferstand und mit der Liebesgöttin Hochzeit feierte; es war ein Baal oder gar ein in kanaanäischen Formen verehrter Jahwe der Volksreligion, dessen Frühlingsfest man beging; allenfalls der von Ezechiel bevorzugte Name Tammus mochte dabei ausländischer Herkunft sein ... Es ging um einen israelitischen Tammus – unter welchem Namen er auch immer gefeiert worden sein mag."

Und in der Tat: die Göttin und ihr Partner wurden im „Heiligen Land" lautstark zelebriert. Offenbar stimmte das uralte Ritual viele Menschen im „Heiligen Land" sehr hoffnungsvoll. Für viele war die fruchtbare Göttin anziehender als der zornige Gott Jahwe. Im Norden wie im Süden wurde allen mosaischen Verboten zum Trotz die Göttin verehrt. Die Jahwe-Anhänger müssen verzweifelt versucht haben, den uralten Glauben an die Magie des Rituals zu zerstören. Aber viele Menschen wollten nicht von den Launen eines patriarchalischen Gottes abhängig sein, der mal belohnte und dann wieder hart strafte. Beim Propheten Jeremia ist es Jahwe selbst, der seinen Zorn lautstark artikuliert und Bestrafung androht. Zu seiner Empörung bekennen sich die Anhänger der Göttin ganz offen zu ihrem Glauben: an die Göttin und an die „Heilige Hochzeit".

Der Prophet Jeremia lässt erahnen, wie beliebt der Konkurrenzkult der Göttin beim Volk war (Jeremia Kapitel 7, Vers 34): „Und ich will in den Städten Judas und auf den Gassen Jerusalems wegnehmen den Jubel der Freude und Wonne und die Stimme des Bräutigams und der Braut; denn das Land soll wüst werden." Ob dem Verfasser dieser kurzen Sentenz bewusst war, dass er die Glaubenslehre von der Göttin und der „Heiligen Hochzeit" bestätigte? In der matriarchalischen Welt sorgte die „Heilige Hochzeit" dafür, dass auf die Trockenzeit wieder ein Frühling folgte. Wenn die heilige Zeremonie unterbunden würde, so glaubten die Anhänger der Göttin, würde die Natur für immer erstarrt bleiben. Dann würde es für Mensch und Tier keine Überlebenschance geben. Genau das steht auch beim Propheten Jeremias: Wenn der Jubel der Freude über die „Heilige Hochzeit" in den Gassen verstummt, dann wird das Land wüst. Das Leben hat langfristig keine Chance auf unserem Planeten, wenn wir uns – wie es der Gott des Zorns fordert – die Erde untertan machen.

Vor Jahrtausenden wurde die „Heilige Hochzeit" im Tempel auf dem Turm zu Babel zelebriert. In den Jahrtausenden davor fand die Feier auf Berggipfeln und in heiligen Wäldern statt. Jahrtausende vor der modernen Jetztzeit galt der Erhalt der Natur als höchstes Gebot der Religion. Heute ist der Kommerz (männlich!) an die Stelle der Göttin (weiblich!) getreten. Wir huldigen der Gottheit „Gewinn um jeden Preis" zu Lasten der Natur, zu Lasten der Göttin: auf Kosten der Zukunft. Legitimiert wird dieses Vorgehen, das so typisch ist für das Patriarchat, durch den Befehl des alttestamentarischen Gottes des Zorns: „Macht euch die Erde untertan!"

Abb. 18 (links): Jeremia beschreibt den Zorn Gottes

Abb. 19 (rechts): Aschera alias Artemis Ephesia (Archiv Langbein)

Abb. 20: Der Turm zu Babel trug einst …
(Peter Brügel dem Älteren, etwa 1530)

Abb. 21: … einen Tempel Lukas Van Valckenborch, 1594
httpupload.wikimedia.orgwikipedi

Jesus, Maria Magdalena und das Geheimnis der „Hochzeit zu Kana“

„Es begab sich aber zu der Zeit, dass ein Gebot von dem Kaiser Augustus ausging, dass alle Welt geschätzt würde. Und diese Schätzung war die allererste und geschah zur Zeit, da Quirinius Statthalter in Syrien war. Und jedermann ging, dass er sich schätzen ließe, ein jeder in seine Stadt. Da machte sich auf auch Josef aus Galiläa, aus der Stadt Nazareth, in das jüdische Land zur Stadt Davids, die da heißt Bethlehem, weil er aus dem Hause und Geschlechte Davids war, damit er sich schätzen ließe mit Maria, seinem vertrauten Weibe; die war schwanger. Und als sie dort waren, kam die Zeit, dass sie gebären sollte. Und sie gebar ihren ersten Sohn und wickelte ihn in Windeln und legte ihn in eine Krippe; denn sie hatten sonst keinen Raum in der Herberge.“

So beginnt das zweite Kapitel des „Evangeliums nach Lukas“ (Kapitel 2, Verse 1-7). Wer kennt sie nicht, die rührende Geschichte von der Geburt Jesu im Stall von Bethlehem? Seit vielen Jahrhunderten wird sie alle Jahre zur Weihnachtszeit in der christlichen Welt vorgetragen. Sie lockt unzählige Menschen in sonst leeren Gotteshäuser, auch solche, die keine überzeugten Christen sind. Sie rührt die Herzen der Menschen, ob sie gläubig sind oder nicht. Seit Jahrhunderten wird die fromme Geschichte in schlichten Liedern wie „Stille Nacht ...“ besungen, die zeitlos sind. Seit vielen Jahrhunderten wird das anheimelnde Bild mit liebevoll geschnitzten Figürchen in Szene gesetzt. Die Volksfrömmigkeit verlegte die karge Geburtsstätte Jesu aus der arabischen Welt in einen Stall, der eher in die Bergwelt Bayerns als ins orientalische Bethlehem passt. Im Stall von Bethlehem haben die hoch schwangere Maria und Joseph nach langer Wanderung Zuflucht gefunden. Man meint förmlich, den Geruch des Stalls und die klirrende Winterkälte mit allen Sinnen wahrnehmen zu können. Ob vielleicht gar Schnee gefallen ist?

In keiner Herberge wollte man Maria und Joseph aufnehmen. Schließlich war das junge Paar froh, im Stall einen gewissen Schutz zu finden. Im Stall hat die junge Maria ihr Kind geboren. Stolz betrachten Maria und Joseph ihr Söhnchen, den kleinen Jesus. Es liegt, auf Heu und Stroh gebettet und in armselige Windeln gewickelt, in einer Krippe.

Ochs' und Esel, von denen im „Neuen Testament“ kein Wort zu lesen ist, dürfen in keiner Krippe fehlen. Die Tiere scheinen wie einige Hirten von der leisen Magie des Geschehens verzaubert zu sein ... so wie wir es rund zwei Jahrtausende später auch noch sind.

Schöner als erfundene Märchen sind manchmal wahre Geschichten. Aber manchmal ist die Wahrheit auch nur enttäuschend im Vergleich zu schön ersonnenen Legenden. Tatsächlich gab es eine Volkszählung zur Zeit, als Quirinius im Amt war war: etwa im Jahr 6 oder 7 n.Chr. wurde Senator Publius Sulpicius Quirinius nach Syrien versetzt. Also müsste Jesus 6 oder 7 „nach Christus“ geboren worden sein: eben als Quirinus Stadthalter in Syrien war!

Nach Lukas wie nach Matthäus erblickte Jesus das Licht der Welt aber zu Lebzeiten des Herodes. Herodes soll ja nach biblischer Überlieferung durch die Weisen aus dem Morgenland von der nahenden Geburt Jesu erfahren haben. Weil Herodes Jesus als prophezeiten „König der Juden“ – und somit als potenziellen Konkurrenten – verhindern wollte, ordnete er den legendären „Kindermord zu Bethlehem“ an („Evangelium nach Matthäus“ Kapitel 2, Verse 16-18). Joseph wurde aber im Traum rechtzeitig durch einen Engel gewarnt. Joseph und Maria flohen mit dem neu geborenen Jesus-Baby nach Ägypten. Erst nach dem Tod des Herodes kehrte die kleine Familie ins „Heilige Land“ zurück.

Der Widerspruch ist evident: Jesus kam, glaubt man dem „Evangelium nach Lukas“, in der Zeit während oder nach der Volkszählung in Bethlehem zur Welt: also frühestens 6 oder 7 nach Christus. Jesus soll aber zu Lebzeiten des Herodes geboren worden sein. Doch Herodes, der sich selbst den Beinamen „der Große“ verlieh, starb bereits 4 v. Chr. Entweder wurde Jesus zu Lebzeiten des Herodes geboren und entging den Auftragskillern des mächtigen Potentaten: dann muss das vor 4 v. Chr. gewesen sein. Oder Jesus wurde geboren, als Quirinius Stadthalter in Syrien war. Dann muss das nach 6/7 n.Chr. gewesen sein. Eine der beiden klaren biographischen Aussagen der Bibel über Jesus muss falsch sein.

Die Volkszählung wurde aus rein ökonomischen Gründen angesetzt. Die römischen Machthaber wollten wissen, wie es um die Einkommensverhältnisse der Menschen stand. Entsprechend würden ihre Steuerabgaben festgelegt werden. Also mussten die römischen Machthaber wissen, wer wo lebte und wie viel er verdiente. Wenn Maria und Joseph in Nazareth lebten, dann wurden sie an ihrem Wohnort erfasst. Die Steuern waren ja auch am aktuellen Wohnort zu entrichten, also in Nazareth und nicht in Bethlehem. Völlig belanglos war es für die römischen Machthaber, wo die Vorfahren jedes einzelnen Steuerzahlers einst gelebt hatten. Ob Josephs Ahnen einst in Bethlehem lebten, interessierte die Römer nicht.

Die Unterteilung in die mythisch-legendären „zwölf Stämme“ war mehr als tausend Jahre vor Jesu Geburt erfolgt. Die meisten Juden konnten zu Jesu Lebzeiten sicher nicht mehr feststellen, zu welchem Stamm ihre Vorväter einst gehörten und wo ihre Ahnen einst – vor mehr als tausend Jahren – gelebt hatten. Ein kaum vorstellbares Chaos wäre entstanden: Jeder Jude hätte eruieren müssen, ob es diesen Ort seiner Ahnen überhaupt noch gab, um dann seinen Heimatort zu verlassen und in die Fremde zu reisen. Ein solches sinnloses Durcheinander hätten die Römer mit Sicherheit nicht angerichtet.

Aus Sicht des Historikers mussten sich die schwangere Maria und ihr Mann Joseph nicht von Nazareth nach Bethlehem aufmachen, um sich an der Volkszählung zu beteiligen. Warum schildert die Bibel den Sachverhalt so unglaubwürdig? Den Verfassern der Evangelien lag nicht in erster Linie an einer möglichst historisch-korrekten Biographie Jesu. Sie wollten in verständliche Worte fassen, woran sie glaubten. Für sie war wahr, was ihrem Glauben entsprach. Als Jesus durch das „Heilige Land“ zog, herrschten die Römer. Die Juden waren nicht mehr Herr im eigenen Haus. Sie fühlten sich von den „ungläubigen“ Römern unterdrückt. Und so hofften sie auf Befreiung. Im „Evangelium nach Matthäus“ erhält Joseph folgende Kunde von einem Engel (Kapitel 1, Vers 21): „Und sie (Maria) wird einen Sohn gebären, des Namen sollst du Jesus heißen, denn er wird sein Volk retten vor ihren Sünden!“ Verständlich wird dieser Vers erst, wenn man weiß, dass Jesus in seiner Muttersprache Jeschua hieß, zu Deutsch „Er wird erretten“.

Hieß Jesus also eigentlich Jeschua von Nazareth? Nach dem „Evangelium nach Johannes“ (Kapitel 18, Verse 1-11) bekannte sich Jesus zweimal zum Namen „Jesus von Nazareth“. Zweimal fragte er die Kriegsknechte, die ihn verhaften sollten „Wen suchet Ihr?“, zweimal antworteten sie „Jesus von Nazareth“ und zweimal erwiderte er „Ich bin’s!“.

Die griechischen Originalverse sind hier aber, was den Namen angeht, nicht wirklich korrekt wiedergegeben. Im Originaltext ist nicht von einem „Jesus von Nazareth“, sondern von „Jesus dem Nazoräer“ die Rede. Nach Walter Bauers Werk „Griechisch-deutsches Wörterbuch zu den Schriften des Neuen Testaments und der übrigen urchristlichen Literatur“ (Berlin 1963, Spalte 1053) muss davon ausgegangen werden, dass „der Nazoräer“ erst nachträglich mit einer (fiktiven?) Ortsbezeichnung „Nazareth“ in Verbindung gebracht wurde.

Im griechischen Text des „Neuen Testaments“ taucht der Ausdruck „Nazoräer“ dreizehnmal, die Variante „Nazarener“ sechsmal auf. Ein einziges Mal – in der Apostelgeschichte (Kapitel 24, Vers 5) – werden Jesu Anhänger als Nazoräer bezeichnet. Ansonsten wird der Ausdruck als Beiname Jesu verwendet. Was aber ist ein Nazoräer? Am wahrscheinlichsten geht der Nazoräer auf das hebräische Wort „natsar“ zurück, was so viel wie „hüten“ und „bewachen“ heißt. Ein Nazoräer wäre also ein „Hüter“ und „Bewacher“. Sollte damit ein Eingeweihter gemeint sein, der geheimes Wissen hütet und bewacht? Das ist gut möglich. Warum sollten aber die Evangelisten oder deren Bearbeiter Jesus und seiner Familie einen Ursprungsort namens Nazaret angedichtet haben, den es womöglich zu Jesu Lebzeiten gar nicht gab?

Die Antwort ist einfach: Die Verfasser der Evangelien, vor allem aber ihre Bearbeiter, waren davon überzeugt, dass Jesus der erhoffte Erlöser war. Diesen Glauben versuchten sie, anhand von alten Prophezeiungen zu belegen. Sie wollten beweisen, dass Jesus tatsächlich der Erlöser war, der schon von den Propheten des „Alten Testaments“ versprochen worden war. Beim Propheten Jesaja wurden sie fündig. Da heißt es bei Jesaja (Kapitel 11, Vers 1): „Und es wird ein Reis hervorgehen aus dem Stamm Isais und ein Zweig aus seiner Wurzel Frucht bringen“. Diese Prophezeiung sollte sich nun auf den vom jüdischen Volk schon seit Ewigkeiten erhofften Erlöser beziehen. Um zu beweisen, dass Jesus eben dieser Retter war, musste man den „Zweig“ oder „Spross“ in Verbindung mit Jesus bringen. Also machte man aus „Jeschua“ den „Spross Jeschua“, also „Jeschua nezer“. Und daraus wiederum entstand „Jesus aus Nazareth“.

Damit aber nicht genug! Zu Jesu Zeiten war die Sehnsucht nach einem Erlöser größer denn je. Der Retter hatte Schweres zu bewerkstelligen: die Fremdherrschaft der verhassten ungläubigen Römer war zu beenden. Als neuer König würde dann der Messias die Geschicke des Volkes Israel lenken. Nun hatte der Gott des „Alten Testaments" dem David versprochen, sein Königtum werde auf ewige Zeiten erhalten bleiben (2. Samuel 7, Verse 15 und 16): „Aber meine Gnade soll nicht von ihm weichen, wie ich sie habe weichen lassen von Saul, den ich vor dir weggenommen habe. Aber dein Haus und dein Königtum sollen beständig sein in Ewigkeit vor mir, und dein Thron soll ewiglich bestehen." Der Messias als königlicher Erlöser musste also auch aus dem Hause Davids stammen. Konkret auf Jesus bezogen: Wenn Jesus der Erlöser war, musste er ein Nachkomme von König David sein.

Als die Stadt Davids bietet sich Bethlehem an. In Bethlehem wurde David, folgt man dem Bericht des 1. Buch Samuel (Kapitel 16, Verse 1-13) gesalbt. Bethlehem wird explizit als „Stadt Davids" genannt (1. Buch Samuel Kapitel 20, Vers 6): „Wird dein Vater nach mir fragen, so sprich: David bat mich, dass er nach Bethlehem, seiner Stadt, gehen dürfe; denn dort ist das jährliche Opferfest für das ganze Geschlecht." Das „Alte Testament" lässt an der Verbindung David-Bethlehem keinen Zweifel (2. Buch Samuel Kapitel 5, Vers 7): „ David aber eroberte die Burg Zion; das ist Davids Stadt." Wenig später (Vers 9) wird wiederholt: „So wohnte David auf der Burg und nannte sie ›Stadt Davids‹. Und David baute ringsumher ..."

Es findet sich auch eine Prophezeiung für Bethlehem, nämlich bei Micha (Kapitel 5, Vers 1): „Und du, Bethlehem Efrata, die du klein bist unter den Städten in Juda, aus dir soll mir der kommen, der in Israel Herr sei, dessen Ausgang von Anfang und von Ewigkeit her gewesen ist." Diese Weissagung wird im „Evangelium nach Matthäus" zitiert (Kapitel 2, Verse 5 und 6), allerdings wird der Text verfälscht: „Und sie sagten ihm: In Bethlehem in Judäa; denn so steht geschrieben durch den Propheten. ›Und du, Bethlehem im jüdischen Lande, bist keineswegs die kleinste unter den Städten in Juda; denn aus dir wird kommen der Fürst, der mein Volk Israel weiden soll.‹"

Man kann annehmen, dass es ursprünglich zwei verschiedene Texte gab, die Jesus mit zwei verschiedenen Städten in Verbindung brachten. Der eine Text betonte Nazareth als Ursprungsort der Familie Jesu, um ein altes Prophetenwort erfüllt zu sehen. Der andere legte Wert auf die Feststellung, dass Jesus in der Stadt Davids Bethlehem, das Licht der Welt erblickte, um einer anderen Prophezeiung zu entsprechen. Weil zwei Überlieferungen miteinander kombiniert wurden, mussten die hochschwangere Maria und ihr Mann Joseph die unsinnige Reise von Nazareth nach Bethlehem bewältigen. Auf diese Weise konnte Jesus mit beiden Orten in Verbindung gebracht werden.

Dubletten sind so selten nicht in der Bibel. So entstanden unabhängig voneinander zwei unterschiedliche Lebensläufe Jesu, die beide Jesus als Nachkommen König Davids ausweisen. Wir finden sie im „Evangelium nach Matthäus“ (Kapitel 1, Verse 2-17) und im „Evangelium nach Lukas“ (Kapitel 3, Verse 23-38). Beide Stammbäume weisen aber erhebliche Widersprüche auf, die nicht zu beheben sind. Die Verfasser der Evangelien nach Matthäus und Lukas schufen unabhängig voneinander zwei „Stammbäume“ Jesu. Dass historische Korrektheit den Verfassern völlig nebensächlich war, erkennt man schon bei oberflächlicher Betrachtung der beiden angeblich „wahren“ Herkunftsableitungen. Zwischen beiden Stammbäumen gibt es nur sehr wenige Übereinstimmungen. Beide nennen unterschiedliche Namen. Und wenn es – selten genug – Übereinstimmungen gibt, schafft das erst recht Probleme. Sowohl im Stammbaum bei Matthäus als auch im Stammbaum nach Lukas gehörten Zerubabel und Joseph zu Jesu Vorfahren. Aber nach Matthäus lagen zwischen Zerubabel und Joseph neun Generationen, bei Lukas sind es 18.

Wo mag nun Jesus geboren worden sein? Eine Prophezeiung des Jesaja (Kapitel 33, Verse 16 und 17) könnte auf eine Höhle als Geburtsort Jesu hinweisen: „Der wird in der Höhe wohnen, und Felsen werden seine Feste und Schutz sein. Sein Brot wird ihm gegeben, sein Wasser hat er gewiss. Deine Augen werden den König sehen in seiner Schönheit; du wirst ein weites Land sehen.“

Der Stall von Bethlehem als Stätte der Geburt Jesu lenkt von einer anderen, für die Kirche gefährlichen Tradition ab. So vermeldet der Philosoph und Märtyrer Justinian (Mitte des 2. Jahrhunderts n. Chr.) in einem Brief aus Flavia Neapolis (heute Nablus in Palästina): „Als der Moment der Geburt des Kindes in Bethlehem gekommen war, machte

Josef bei einer Grotte Halt, da in der Herberge kein Platz war, und Maria gebar Christus und legte ihn in eine Krippe. Dort fanden ihn auch die Weisen aus Arabien."

Ebenfalls aus dem zweiten Jahrhundert nach Christus stammt das „Protoevangelium des Jacobus", das nicht in die Bibel aufgenommen wurde. Auch in diesem verbotenen Evangelium wird Bethlehem als Geburtsort Jesu genannt. Und auch hier kommt Jesus nicht in einem Stall, sondern in einer Höhle zur Welt („Protoevangelium des Jacobus" Kapitel 17, Vers 3 und Kapitel 18, Vers 1): „Und Maria sprach zu ihm: ›Joseph, hebe mich vom Esel herab, denn das Kind in mir bedrängt mich und will herauskommen.‹ Und er hob sie dort herunter und sprach zu ihr: ›Wo soll ich dich hinbringen ...? Denn der Ort ist einsam. Und er fand dort eine Höhle und führte sie hinein und ließ seine Söhne bei ihr stehen und ging hinaus, um eine hebräische Hebamme in der Gegend von Bethlehem zu suchen."

Auch das „Pseudoevangelium des Matthäus" fand keine Gnade vor den Redakteuren des „Alten Testaments". Auch hier wird Jesus in einer Höhle geboren (Schluss von Kapitel XIII und Anfang von Kapitel XIV): „Und ein großer Stern leuchtete über der Grotte vom Abend bis zum Morgen, mit solchem Glanze, wie man ihn seit dem Anbeginn der Welt nie gesehen hatte ... Am dritten Tage aber nach der Geburt des Herrn verließ Maria die Grotte."

Vordergründig betrachtet scheint es kaum einen Unterschied zu machen, ob Jesus im „Stall von Bethlehem" oder in einer „Grotte von Bethlehem" geboren wurde. Als wie gefährlich für den eigenen Glauben das junge Christentum die „Höhlengeschichte" empfand, das beweist kein Geringerer als der Heilige Hieronymus. Hieronymus, er starb 420 n. Chr. in Bethlehem, sah sich zu einer kühnen Geschichtskittung genötigt: Die Höhle von Bethlehem sei der ursprüngliche Geburtsort Jesu gewesen. Böse, falschgläubige Heiden hätten dann aber versucht, die Erinnerung an Jesus zu tilgen. Und sie hätten versucht, die christliche Stätte für sich zu missbrauchten. Sie hätten die Lüge in die Welt gesetzt, jene Höhle sei ursprünglich ihr Heiligtum gewesen.

Es muss also noch im fünften Jahrhundert nach Christus zumindest Erinnerungen an eine heidnische Kulthöhle gegeben haben. Vielleicht wurde in dieser Höhle noch zu Jesu Zeiten heidnischen Gottheiten gehuldigt. Fest steht, dass der Heilige Hieronymus gelogen hat. In Wirklichkeit hat die frühe christliche Kirche die den Heiden heilige Höhle „christianisiert", ohne Zweifel um einen uralten vorchristlichen Kult in Vergessenheit geraten zu lassen.

Das mächtige Christentum ging als Sieger im Wettstreit der Religionen hervor. Und doch gibt es nach wie vor höchst brisante „heidnische" Spuren, die Bethlehem in einem ganz anderen nicht-christlichen Licht erscheinen lassen. So entdeckten Archäologen wichtige Dokumente aus uralten Zeiten, zum Beispiel die „Amarna-Briefe" (14. Jahrhundert v.Chr.). Abdi-Chepa, Herrscher von Jerusalem, beklagte sich darüber, dass ihm die Ortschaft bet nin.ib (offenbar Bethlehem) verloren gegangen sei. Nin.ib verweist auf die Göttin Lachama. Die vorchristliche Göttin gab dem Städtchen ihren Namen: aus „Beth-Lachama" („Haus der Lachama") wurde Bethlehem!

Das „Pseudoevangelium des Matthäus" verdeutlicht einen Teil der Entwicklung: Jesus wurde in einer heiligen Kulthöhle geboren, dann aber in den „Stall von Bethlehem" gebracht. Mit anderen Worten: Vor dem „Stall" war die „Heilige Höhle". Jesus kam aus der Höhle und wurde in den Stall gebracht. Streng genommen stellt die Geburt Jesu eine Wiedergeburt nach uraltem Glauben dar: Aus der Unterwelt wird Jesus in das Reich der Lebenden zurück gebracht. Er wird wieder neugeboren.

Die „Heilige Höhle" war und ist das älteste Heiligtum der Göttin. So weiß der griechische Philosoph Porphyrios (234-305 n.Chr.) zu berichten, dass die ältesten religiösen Riten in Höhlen zelebriert wurden, lange bevor die ersten Tempel gebaut wurden.

Doris Wolf, Psychologin und Matriarchatsforscherin, schreibt in ihrem grundlegenden Werk „Was war vor den Pharaonen?" über die ältesten „Heiligen Höhlen" (Zürich 1994, S. 71): „Sie waren zu allen Zeiten eng verbunden mit dem Archetyp der Großen Mutter und weltweit mit dem Leib der Erdgöttin identifiziert, dem symbolischen Ort für die Geburt und Wiedergeburt, der Quelle des Lebens und primärer Urquell jedes schöpferischen Prozesses."

Jegliche Erinnerung an die Erdgöttin muss den frühen Christen ein grässlicher Graus gewesen sein. Ein schlimmes Sakrileg war für sie die

Behauptung, der Gottessohn Jesus sei von einer Muttergottheit und nicht von der bescheidenen Frau des Joseph aus Nazareth geboren worden. Wenn aber Jesus nach einigen heiligen Texten in einer Höhle das Licht der Welt erblickte, dann ist das ein deutlicher Hinweis auf die älteste Gottheit der Erde, auf die Muttergöttin. Jesus, der in einer Höhle geboren wird... ist das Kind der Muttergöttin, der Erdgöttin, die alles Leben hervorbrachte!

Ob die „heidnischen Höhlen" in Bethlehem vor rund zwei Jahrtausenden noch Teil eines lebendigen, aktiven Kults waren, das lässt sich heute nicht mehr feststellen. Ohne Zweifel war den Menschen im „Heiligen Land" damals die Bedeutung der Höhlen für matriarchalischen Glauben noch sehr wohl bekannt. Im Jahre 324 besuchte Helena, die Mutter von Kaiser Konstantin, Bethlehem. Sie war es, die ihren Sohn dazu veranlasste, eine erste Kirche über den „heidnischen" Höhlen und Grottenanlagen zu bauen. Auf diese Weise sollte die Erinnerung an die Erdgöttin durch den neuen Glauben an Jesus ersetzt werden.

Für die Menschen im „Heiligen Land" galt der Glaube an eine Erdmutter oder Muttergöttin als todeswürdiges Vergehen, als „Hurerei". Die junge christliche Kirche legte großen Wert auf die jungfräuliche Geburt Jesu. Nach Matthäus (Kapitel 1, Verse 22 und 23) wurde Jesus von seiner jungfräulichen Mutter geboren, so wie dies prophezeit worden sei: „Das ist aber alles geschehen, damit erfüllt würde, was der Herr durch den Propheten gesagt hat, der da spricht : ›Siehe, eine Jungfrau wird schwanger sein und einen Sohn gebären ...‹" Bei Lukas verkündet ein Engel der verdutzten Maria, dass sie, die Jungfrau, einem Kind das Leben schenken werde (Kapitel 1, Verse 26-31): „ Und im sechsten Monat wurde der Engel Gabriel von Gott gesandt in eine Stadt in Galiläa, die heißt Nazareth, zu einer Jungfrau, die vertraut war einem Mann mit Namen Josef vom Hause David; und die Jungfrau hieß Maria. Und der Engel kam zu ihr hinein und sprach: Sei gegrüßt, du Begnadete! Der Herr ist mit dir! Sie aber erschrak über die Rede und dachte: Welch ein Gruß ist das? Und der Engel sprach zu ihr: Fürchte dich nicht, Maria, du hast Gnade bei Gott gefunden. Siehe, du wirst schwanger werden und einen Sohn gebären, und du sollst ihm den Namen Jesus geben."

Die Geburt Jesu in einer Grotte macht Jesus zum Sohn einer Erdgöttin oder Muttergöttin. Und wie ist es um die jungfräuliche Geburt

Jesu bestellt? Der aktuelle Glaubensleitfaden „Katechismus der katholischen Kirche“ (München 1993, siehe Nr. 498) behauptet, dass die jungfräuliche Geburt Jesu den christlichen Glauben von anderen, heidnischen Religionen unterscheidet: „Man hat auch gefragt, ob es sich hier nicht um Legenden oder um theologische Konstrukte handelt, die nicht Anspruch auf Geschichtlichkeit erheben. Darauf ist zu antworten: Der Glaube an die jungfräuliche Empfängnis ist bei Nichtchristen, Juden wie Heiden, auf lebhaften Widerspruch, Gespött und Unverständnis gestoßen er war also nicht durch die heidnische Mythologie oder irgendeine Angleichung an zeitgenössische Ideen motiviert.“

Mit anderen Worten: Die braven ersten Christen setzten sich wegen ihres Glaubens an die jungfräuliche Geburt Jesu dem Gespött der „Heiden“ aus. Sie können also diese angeblich urchristliche Lehre nicht aus anderen Religionen übernommen haben. Das aber ist falsch. Völlig unberechtigt reklamiert das Christentum das geistliche Patent auf Marias jungfräuliche Mutterschaft. Die jungfräuliche Geburt Jesu ist aber keine „Erfindung“ des Christentums. Sie weist vielmehr Maria als direkte Nachfolgerin der ältesten Göttinnen aus. So wurden Anath und Astarte gepriesen als „die großen Göttinnen, die nicht empfangen, aber gebären“. Dazu die Theologin und Schriftstellerin Dr. Christa Mulack in ihrem Buch „Maria, die geheime Göttin im Christentum“ (Schalksmühle 2005, S. 42): „Inzwischen sind Religionswissenschaftler auf die Tatsache gestoßen, dass alle Göttinnen der frühen ägäischen Kulte Jungfrauen und Mütter sind.“ Mit anderen Worten: die jungfräuliche Geburt Jesu unterscheidet das Christentum nicht von älteren heidnischen Religionen, sondern das Gegenteil ist der Fall. Aus Sicht einer Anhängerin der Anath oder der Astarte ist die jungfräuliche Mutter Maria, die den göttlichen Sohn gebiert, eine „Kollegin“ von Anath oder Astarte! Die göttliche Zeugung und die jungfräuliche Geburt eines göttlichen Sprosses war – Kirchenkritiker Karl Heinz Deschner weist in seinem Werk „Abermals krähte der Hahn“ (Düsseldorf 1980, S. 364) vollkommen zu Recht darauf hin – in „Ägypten und Babylon, Indien und Persien, Griechenland und Rom“ bestens bekannt.

Schon für die frühen Christen gab es keinen Zweifel: Jesus ist von einer Jungfrau geboren worden. Die ersten Missionare verkündeten es stolz: Die jungfräuliche Maria hat einem Knaben das Leben geschenkt, den Sohn Gottes, den Erlöser der Welt. Neu war dieser Gedanke den

„Heiden“ allerdings nicht. Jungfräuliche Mütter waren im Umfeld der ersten, frühesten Christen wohlbekannt. Sie wurden in Rom „virgines“ oder „venerii“, in Griechenland „horae“, „kadishtu“ in Babylon, Kanaan und Palästina „kadesha“ genannt. Unter den „Huren-Priesterinnen“ der Ishtar, Aschera und Aphrodite verstand man freilich lediglich unverheiratete junge Frauen. Sie wirkten als Tempeldienerinnen, erteilten durch den sexuellen Gottesdienst den Segen der mütterlichen Gottheit.

„Jungfrau“ war ein Beiname der griechischen Persephoné (Göttin der Unterwelt), die später zur Göttin der Fruchtbarkeit und des vegetativen Lebens wurde, das im Sommer aufblüht und im Winter abstirbt. Persephoné versinnbildlicht somit die ewige Natur, die stirbt und wieder zu neuem Leben erwacht: Pflanze, Tier und Mensch waren im Sinne der ewigen Wiedergeburt unsterblich. Persephoné, Tochter des Zeus und der Kornmutter Demetér, versinnbildlichte im Aufleben, Absterben und neuerlichem Aufblühen das Mysterium der Auferstehungsgottheit und der ewigen Wiedergeburt.

Persephone galt als die Urgöttin und Schöpferin des Alls. Just als sie in einer heiligen Höhle den „großen Teppich des Universums“ webte, erschien Gott Zeus bei ihr und zeugte den Erlöser Dionysos. Nach dieser Überlieferung war am Anfang die Göttin, vor dem männlichen Gott. Ihr Sohn Dionysos wurde als Gott der Vegetation, des Weines und der Ekstase verehrt. Seine Anhänger glaubten an sein stetes Sterben und Wieder-Auferstehen. Der vom Tode wiedererstandene Jesus des „Neuen Testaments“ fand also bereits in uralter griechischer Mythologie einen Vorläufer. Ist es ein Zufall, dass zu Dionysos' Ehren im Dezember feierliche Zeremonien abgehalten wurden ... so wie Jesu Geburt ebenfalls im Dezember gefeiert wird?

Das Christentum propagiert die Mutter Jesu als Himmelskönigin, die zu Gott in den Himmel aufgefahren ist. Sie wird als „Sancta Regina“ (heilige Herrscherin/ Königin) angebetet, die als Jungfrau einen göttlichen Sohn gebar. „Mutter Gottes“, „Gottesgebärerin“ und „liebreiche Mutter“ oder „Unbefleckte“ sind Ehrentitel Marias. Sie wird als Schmerzensmutter verehrt, die ihren toten Sohn beweint. Als „Himmelskönigin“ hüllt sie sich in christlicher Kunst in einen blauen Mantel, auf dem nicht Sterne prangen. Häufig steht sie auf einem Halbmond. Was den meisten heutigen Christen allerdings kaum bekannt sein dürfte: ihre Maria ist der ägyptischen Göttin Isis zum Verwechseln ähnlich. Nur wurde Isis schon zweieinhalb Jahrtausende vor Maria als Göttin verehrt.

Die aufgeführten Bezeichnungen und Titel der Maria sind keine Originale. Sie gingen vor rund zweieinhalb Jahrtausenden von der ägyptischen Isis (mit dem Horus-Kind) auf Maria (mit dem Jesus-Knaben) über. Maria, die geheime Göttin des Christentums, ist keine andere als Göttin Isis mit neuem Namen! Oder anders gesagt: in der christlichen Himmelskönigin lebt die ewige Urgöttin weiter. Sie war wohl allen Völkern der Erde bekannt und wurde weltweit unter zahllosen Namen verehrt. Den Ägyptern war sie als Göttin Isis nicht weniger vertraut als den Christen und Muslims unter dem Namen Maria.

Das Christentum verdankt seinen Aufstieg zur Weltreligion nicht zuletzt Kaiser Konstantin (etwa 270-337 n.Chr.): der legendäre Kaiser propagierte Maria als eine neue Isis. Das Christentum fand nicht als vollkommen neue Religion zahlreiche Anhänger, sondern weil Isis-Gläubige keine Probleme hatten, statt ihrer alten ägyptischen Göttin an die neue Göttin aus dem „Heiligen Land“ und an ihren Sohn zu glauben.

Nach mosaischem Gesetz galten alle erstgeborenen Kinder als Eigentum Gottes. Es entwickelte sich der Brauch, Erstgeborene von Gott freizukaufen. Zu diesem Zweck mussten im Tempel Opfer dargebracht werden: durch die Priester. Die Eltern mussten bezahlen. Das mosaische Gesetz erweist sich an dieser Stelle als sozial. Armen wurde weniger abverlangt als Reichen. Maria, so lesen wir es im „Evangelium nach Lukas“ (Kapitel 2, Vers 24) ließ durch die Priesterschaft „ein Paar Turteltauben oder zwei junge Tauben“ opfern. Der Evangelist zitiert dabei Moses, um zu demonstrieren, dass sich die Eltern Jesu an die mosaischen Gebote hielten. Der Evangelist verschweigt aber diskret, dass Maria und Joseph indirekt als Angehörige der Unterschicht geoutet werden. Das mosaische Gesetz fordert nämlich laut drittem Buch Mose (Kapitel 5, Vers 6) „ein Muttertier, Schaf oder Ziege“. Ganz offensichtlich waren solche Tiere für Maria und ihren Mann Joseph aber unerschwinglich. Für sie galt die Sonderregelung für Arme (3. Buch Mose Kapitel 5, Vers 7): „zwei Turteltauben oder zwei andere Tauben“.

Marias Mann, Joseph, so lesen wir immer wieder im „Neuen Testament“ war „Zimmermann“. Diesen Beruf gab es aber im „Heiligen Land“ zu Jesu Zeiten gar nicht. Holz war ein sehr teures Material und wurde nur spärlich eingesetzt. Arme konnten sich Holz kaum leisten. Manchmal mögen „Zimmermannsarbeiten“ angefallen sein. Vielleicht war zum Beispiel ein hölzerner Türsturz anzufertigen oder ein hölzerner Pflug zu reparieren. Für derartige Holzarbeiten gab es keinen eigenen Facharbeiter. Entweder man erledigte derlei Arbeiten selbst oder bat einen Bauhandwerker um Hilfe. Joseph kann kein „Zimmermann“ gewesen sein. Er dürfte als Hilfsarbeiter oder als Handlanger auf dem Bau gearbeitet haben. Sein Verdienst kann nur recht gering gewesen sein. Passend zur Armut der Eltern Jesu ist die Geburt des Jesus-Kindes in der Krippe eines Stalles.

Wir müssen davon ausgehen, dass Joseph und Maria zur armen Unterschicht gehörten, also höchst bescheiden lebten. Sonst erfahren wir so gut wie nichts über die Eltern Jesu. Joseph spielt eher eine Statistenrolle. Maria fungiert als Mutter des göttlichen Sohnes. Konkrete Hinweise auf Maria als eine individuelle Frau finden sich keine in den Evangelien. Und dann taucht Maria in einer falschen, völlig unpassenden Umgebung auf: bei der „Hochzeit zu Kana“ („Evangelium nach Johannes“ Kapitel 2, Verse 1-11):

„Und am dritten Tage war eine Hochzeit in Kana in Galiläa, und die Mutter Jesu war da. Jesus aber und seine Jünger waren auch zur Hochzeit geladen. Und als der Wein ausging, spricht die Mutter Jesu zu ihm: Sie haben keinen Wein mehr. Jesus spricht zu ihr: Was geht's dich an, Frau, was ich tue? Meine Stunde ist noch nicht gekommen. Seine Mutter spricht zu den Dienern: Was er euch sagt, das tut. Es standen aber dort sechs steinerne Wasserkrüge für die Reinigung nach jüdischer Sitte, und in jeden gingen zwei oder drei Maße. Jesus spricht zu ihnen: Füllt die Wasserkrüge mit Wasser! Und sie füllten sie bis obenan. Und er spricht zu ihnen: Schöpft nun und bringt’s dem Speisemeister! Und sie brachten’s ihm. Als aber der Speisemeister den Wein kostete, der Wasser gewesen war, und nicht wusste, woher er kam - die Diener aber wussten’s, die das Wasser geschöpft hatten -, ruft der Speisemeister den Bräutigam und spricht zu ihm: Jedermann gibt zuerst den guten Wein und, wenn sie betrunken werden, den geringeren; du aber hast den guten Wein bis jetzt zurückbehalten. Das ist das erste Zeichen, das Jesus tat, geschehen in Kana in Galiläa, und er offenbarte seine Herrlichkeit. Und seine Jünger glaubten an ihn."

„Am dritten Tag" fand die Hochzeit zu Kana statt. Worauf bezieht sich der „dritte Tag"? Im Schöpfungsbericht der Bibel ist der „dritte Tag" von ganz besonderer Bedeutung. Im Originaltext ist von der Schöpfergötttin Adamah die Rede, die in den Übersetzungen leider nicht mehr zu erkennen ist (1. Mose Kapitel 1, Vers 12): „Und die Adamah ließ aufgehen Gras und Kraut, das Samen bringt, ein jedes nach seiner Art, und Bäume, die da Früchte tragen, in denen ihr Same ist, ein jeder nach seiner Art." Mutter Erde ließ die Pflanzen sprießen, die für das Geheimnis des ewigen Lebens stehen. Sie wachsen, blühen und gedeihen. In der Trockenzeit (im Winter) „sterben" sie, um im Frühling zu neuem Leben zu erwachen. Der „dritte Tag" ist also der Tag des Sprießens und Gedeihens, der Tag der Fruchtbarkeit: also der Tag von Mutter Erde!

Der „dritte Tag" war für das Volk Israel der Tag des Wachsens und des keimenden Lebens, somit also der ideale Hochzeitstag. Deshalb wird noch heute besonders gern „am dritten Tag" der Woche geheiratet. Der Sabbat wird laut Schöpfungsbericht als der siebente Tag gezählt. Der folgende Tag, also Sonntag, wäre dann der Wochenanfang, also der erste Tag. Montag wäre der zweite, Dienstag dann der „dritte Tag".

Am „dritten Tag" fand die Hochzeit zu Kana statt. Es muss eine große Hochzeit der wohlhabenden Gesellschaft gewesen sein. Denn es gab nicht nur Diener, sondern einen eigenen „Speisemeister" für die Gäste. Zu einer solchen Hochzeit der Reichen hatten Maria und Jesus als Angehörige der armen Klasse keinen Zutritt. Jesu Vater wird nicht erwähnt. Sollte er nicht mehr gelebt haben? Dann ist es noch unwahrscheinlicher, dass Maria als arme Witwe mit Sohn und dessen Freunden zu einer vornehmen Hochzeit geladen wurde!

Bei Hochzeiten zu Jesu Zeiten feierten Männer und Frauen im „Heiligen Land" separat. Maria, die Mutter Jesu, musste also die Frauengesellschaft verlassen und zu den Männern gehen, um ihren Sohn Jesus auf etwas aufmerksam zu machen: „Sie haben keinen Wein mehr." Maria aber war nicht nur einfach präsent. Ihr kam eine herausragende, ja tragende Rolle zu.

Zu Jesu Zeiten galt im Land der Bibel: Wenn bei einer Hochzeit der Wein ausgeht, dann obliegt es keinem Gast, sich um Nachschub für die

Feiernden zu kümmern. Im Gegenteil: Wenn sich ein Hochzeitsgast in die Belange des Bräutigams einmischen würde, wäre das eine Beleidigung für die Gastgeber. Der Gastgeber würde sich dem Vorwurf ausgesetzt fühlen, nicht in ausreichendem Maße für seine Gäste zu sorgen. Wenn im „Heiligen Land“ zu Jesu Lebzeiten bei einer Hochzeitsfeier der Wein aus ging, fühlte sich kein Gast angesprochen. Dann war die Mutter der Braut oder des Bräutigams gefordert und kein Gast.

Da Frauen im „Heiligen Land“ in der Regel kein eigenes Kapital zur Verfügung hatten, konnten sie auch keine Hochzeit finanzieren. Keine Frau wäre dafür zuständig gewesen, neuen Wein zu kaufen. Es wäre die Aufgabe des Bräutigams gewesen, neuen Wein kommen zu lassen. Bei der Hochzeit zu Kana sorgte Jesus für Nachschub.

Es gibt nur eine logische Erklärung für die Vorgänge bei der Hochzeit zu Kana: Maria war kein Gast auf irgend einer Hochzeit. Sie war vielmehr die Mutter des Bräutigams, den sie auf die leeren Weinkrüge hingewiesen hat. Als Mutter des Bräutigams stand es ihr zu, den Dienern Befehle zu erteilen. Als einfacher Gast hätte sie das nicht gedurft. Jesus war also kein x-beliebiger Gast, sondern er war der Bräutigam! Deshalb wendet sich seine Mutter an ihn, als der Wein ausgeht.

Nun war aber die Familie Jesu arm. Die Hochzeit zu Kana fand aber in wohlhabenden Kreisen statt. Jesus war arm, also kein reicher Bräutigam. Da es auf Seiten der Familie Jesu alles andere als Wohlstand gab, muss die Familie der Braut reich gewesen sein. Anders ist die üppige Hochzeit nicht zu erklären. Dann wäre es der Vater der Braut gewesen, der die Hochzeit zu finanzieren hatte! Der wohlhabende Vater der Braut wäre also zum Beispiel für den Kauf von neuem Wein zuständig gewesen.

Jesu Mutter wandte sich aber an ihren Sohn, den Bräutigam. Das kann eigentlich nur bedeuten, dass der Brautvater nicht mehr lebte. Die Braut selbst muss also reich gewesen sein. Wer aber war die Braut? Das „Neue Testament“ kennt eine alleinstehende wohlhabende Frau aus dem direkten Umfeld Jesu, die über eigenes Kapital verfügte: Maria Magdalena!

Im „Evangelium nach Lukas“ (Kapitel 8, Verse 1-3) wird die Rolle Maria Magdalenas heruntergespielt: „Und es begab sich danach, dass er durch Städte und Dörfer zog und predigte und verkündigte das Evangelium vom Reich Gottes; und die Zwölf waren mit ihm, dazu einige Frauen, die er gesund gemacht hatte von bösen Geistern und Krankheiten, nämlich Maria, genannt Magdalena, von der sieben böse Geister ausgefahren waren, und Johanna, die Frau des Chuzas, eines Verwalters des Herodes, und Susanna und viele andere, die ihnen dienten mit ihrer Habe." Nach dem Verfasser des nach Lukas benannten Evangeliums spielte Maria Magdalena keine besonders herausragende Rolle. Sie war vielmehr nur eine Frau von immerhin „einigen", die von Jesus geheilt worden waren. Die Erwähnung der sieben Geister, die er ihr austrieb, könnte als Hinweis auf eine Geisteskrankheit verstanden werden. Jesus kurierte also nach Lukas Maria Magdalena und sie – so das Evangelium weiter – unterstützte Jesus und seine Jünger finanziell. Maria Magdalena schloss sich nach Lukas Jesus und seinem Tross aus Dankbarkeit an. Da sie vermögend war, konnte sie sich erkenntlich zeigen.

Die Rolle der Maria Magdalena wird vom Evangelisten Lukas klein geschrieben. In den verbotenen Evangelien allerdings ist Maria Magdalena sehr viel mehr als nur eine dankbare Geldgeberin. Sie ist sogar mehr als nur eine Jüngerin. Lukas lässt seine Leser im Unklaren über die Zahl der Frauen in Jesu Gefolge. Außerdem unterscheidet er zwischen den Jüngern und „einigen" Frauen. Offenbar rechnet er die Frauen, anders als die apokryphen Evangelien, nicht zu den Jüngern.

Das verbotene Evangelium „Pistis Sophia" (etwa 2-3. Jahrhundert n.Chr.) nennt genaue Zahlen. Demnach folgten Jesus „seine zwölf Jünger und sieben Frauen". Der Anteil an Frauen in Jesu unmittelbarer Umgebung war somit erstaunlich hoch, besonders wenn man an den patriarchalischen Hintergrund denkt. Jesu Jüngerschaft war keine reine Männerwirtschaft, Frauen spielten vielmehr eine wichtige Rolle. Das war für einen religiösen Führer in einer frauenverachtenden Gesellschaft erstaunlich. Die Ausnahme unter den Ausnahmen war Maria Magdalena.

Das „Evangelium nach Lukas" (Kapitel 8, Verse 1-3) lässt klar erkennen, dass Maria Magdalena eine höchst ungewöhnliche Frau war, die aus dem Rahmen des Alltäglichen fiel. In der Regel wurden Frauen im „Heiligen Land" über ihre Männer definiert. So heißt es zum Beispiel im zitierten Text: „Johanna, die Frau des Chuzas, eines Verwalters des

Herodes“. Bei Maria Magdalena ist das nicht so. Anders als bei fast allen anderen Frauen der Bibel ist sie offensichtlich eine selbständige, emanzipierte Person. Sie ist aus sich heraus eine Persönlichkeit. Sie verfügt über eigenes Kapital, das sie nach eigenem Gutdünken einsetzen kann, ohne einen Mann um Erlaubnis fragen zu müssen.

In den nicht in das „Neue Testament“ aufgenommenen Schriften der „verbotenen Bibel“ von Nag Hammadi, die nicht weniger heilig sind als die Evangelien der Bibel, wird ein ganz anderes Bild von Maria Magdalena gezeichnet als das den Kirchen recht sein kann. Da ist Maria Magdalena nicht irgendeine Frau, die auch noch zum Tross Jesu gehörte. Nach dem „Philippus-Evangelium“, das nicht in den Kanon der Bibel aufgenommen wurde, waren drei Frauen die treuesten Anhänger Jesu (Spruch 32, Übersetzung Lüdemann): „Es waren drei, die allezeit mit dem Herrn wandelten: Maria, seine Mutter, und ihre Schwester und Magdalene, die man seine Gefährtin nennt. Denn eine Maria ist seine Schwester und seine Mutter und seine Gefährtin.“

Dan Brown erregte mit seinem Weltbestseller „Das Sakrileg“ („The Davinci Code“) nicht zuletzt deshalb Aufsehen, weil er in seinem Roman eine intime Partnerschaft zwischen Jesus und Maria Magdalena suggerierte. Als Indiz für eine sexuelle Beziehung zitierte Brown aus dem verbotenen „Evangelium des Philippus“ (Sakrileg, Bergisch Gladbach 2004, S. 337): „Und die Gefährtin des Erlösers war Maria Magdalena. Christus liebte sie mehr als seine Jünger und küsste sie oft auf den Mund. Die Jünger waren darüber erzürnt und verliehen ihrer Enttäuschung Ausdruck. Sie sprachen zu ihm: Warum liebst du sie mehr als uns?“

Die christliche Lehre bezeichnet Jesus als „wahren Menschen“ und „wahren Gott“ zugleich. Wenn Jesus nach offizieller Theologie „wahrer Mensch“ war, dann hatte er doch wohl auch Sex. Gleichwohl löste Brown helle Empörung aus. Rasch folgten „Widerlegungen“ – von Laien wie von Theologen. Genussvoll wird darauf hingewiesen, dass der von Dan Brown richtig zitierte Text im Original teilweise beschädigt ist. Und in der Tat: im Originalmanuskript klafft an prägnanter Stelle eine winzige Lücke. Wissenschaftlich korrekt wäre die Textwiedergabe so: „Christus liebte sie (Maria Magdalena) mehr als seine Jünger und küsste sie oft auf (den Mund).“ Nicht um Erotik sei es gegangen, sondern um innige geistliche Beziehung.

Die Brown-Kritiker stürzen sich konzentriert auf die Frage, wohin Jesus Maria Magdalena wohl geküsst habe: auf den Mund oder auf die Wange? Sie übergehen dabei geflissentlich die eigentliche Aussage des Textes. Es ist vollkommen gleichgültig, wohin genau Jesus Maria Magdalena geküsst hat. Wirklich wichtig ist nur der Grund für die Küsse Jesu. Und da ist die Aussage des „Philippus-Evangeliums" klar und eindeutig: Jesus liebte Maria Magdalena mehr als alle anderen Jünger. Maria Magdalena war nicht eine von vielen Frauen am Rande. Sie war Jesus wichtiger als alle anderen Jünger. Maria Magdalena war von zentraler Bedeutung für Jesus.

Die vier Evangelien des „Neuen Testaments" zeigen uns Jesus als einen Lehrer, der mit seinen Schülern durch die Lande zieht. Er predigt in den Synagogen und auf freiem Felde. Immer wieder werden ihm Fragen gestellt: von den Jüngern Johannes des Täufers, von den eigenen Jüngern, von seinen Feinden, zum Beispiel den Pharisäern. Es sind Männer, die mit Fragen an Jesus herantreten. Jünger offenbaren ihre Ahnungslosigkeit. Feinde versuchen Jesus zu Verstößen gegen das mosaische Gesetz provozieren, um ihn dann exekutieren zu lassen.

Es werden also unzählige Fragen im „Neuen Testament" gestellt. Es sind aber unzählige Fragen aus den Evangelien verschwunden, die von Maria Magdalena kamen. Offensichtlich wollten die Verfasser der Evangelien und ihre späteren Bearbeiter nicht zulassen, dass die große Bedeutung Maria Magdalenas im Kreise der direkten Jüngerschaft Jesu bekannt würde. Im verbotenen Evangelium „Pistis Sophia" ist es Maria Magdalena, die 39 von 46 Fragen stellt. Das ist ein Anteil von immerhin 85 Prozent! Und Jesus ist stets voll des Lobs. Er redet sie als „Maria, du Gesegnete" an, „deren Herz weit mehr in das Königreich des Himmels gehoben wird als all deiner Brüder" (Kap. 17, übersetzt nach Mead). Immer wieder preist Jesus Maria Magdalena, auch wegen ihrer Fragen (Kapitel 25): „Vortrefflich, Maria! Du stellst eine gute Frage und leuchtest in alle Dinge sorgfältig hinein."

So beliebt Maria Magdalena bei Jesus ist, so verhasst ist sie bei Petrus. Mag sein, dass es unter den männlichen Jüngern eine mehr oder minder offene Abneigung gegen Maria Magdalena gab. Petrus machte sich zum Sprachrohr der neidisch-missgünstigen Männer und – so berichtete es das sechste Buch von „Pistis Sophia" – beklagte schmollend, dass sich Jesus so stark von Maria Magdalena vereinnahmen lasse.

Schließlich wollten doch auch die männlichen Jünger gern die eine oder andere Frage stellen. Petrus fordert Jesus auf, Maria Magdalena zum Schweigen zu bringen: „Mein Herr, wir können diese Frau nicht dulden!“

Auch das verbotene „Evangelium nach Maria Magdalena“ berichtet von der Hetze des Petrus gegen Maria Magdalena („Apokryphe Evangelien aus Nag Hammadi“, Andechs 1988, S. 261). Nach Jesu Tod steht Maria Magdalena nicht mehr unter dem Schutz Jesu. Jetzt wiegelt Petrus die männlichen Jünger gehässig gegen Maria Magdalena auf. Petrus befürchtet wohl, dass Maria Magdalena als engste Vertraute Jesu seine direkte Nachfolge antreten möchte. Der Frauenverächter möchte, dass Maria Magdalena verschwindet. Sie soll keine Rolle in der noch unbedeutenden Jesus-Bewegung mehr spielen dürfen.

Offensichtlich sind Frauen für den künftigen ersten Papst minderwertige Menschen. Besonders krass kommt dies im verbotenen „Thomas-Evangelium“ zum Ausdruck (Spruch 11): „Simon Petrus sagte zu ihnen: ›Maria soll uns verlassen, denn Frauen sind des Lebens nicht würdig.‹“

Diese verächtliche Haltung Frauen gegenüber bringt Petrus im „Evangelium nach Maria Magdalena“ zum Ausdruck: „Sollte er (Jesus) wirklich mit einem Weibe unter vier Augen gesprochen und uns davon ausgeschlossen haben? Sollen wir uns etwa ihr zuwenden und alle auf sie hören? Hat er sie uns gegenüber bevorzugt?“

Maria Magdalena ist empört: „Mein Bruder Petrus, was glaubst du denn? Meinst du, ich habe das alles ersonnen in meinem Herzen oder ich lüge über den Erlöser?“ Die Jünger Jesu schweigen. Teilen sie die ablehnende Haltung des Petrus, der Frauen keine führende Rolle in der vorerst noch sektiererhaften Jesus-Bewegung zubilligt? Endlich ergreift ein gewisser Levi Partei für Maria Magdalena: „Petrus, du bist schon immer aufbrausend gewesen. Und auch jetzt sehe ich, wie du dich gegen diese Frau ereiferst, als wärest du ihr Widersacher. Wenn aber der Erlöser sie gewürdigt hat, wer bist du, dass du sie verwerfen dürftest? ... Wir sollten uns schämen ... und das Evangelium verkünden, wie er es uns aufgetragen hat, ohne dass wir ein weiteres Gebot oder Gesetz erlassen außer dem, worin uns der Erlöser unterwiesen hat.“

Wer mag dieser Levi sein? Im „Evangelium nach Markus“ (Kapitel 2, Vers 14) wird von einem Zöllner „Levi, Sohn des Alphäus“ berichtet, der zum Jünger Jesu wird. Auch das „Evangelium nach Lukas“ (Kapitel 5, Vers 27) erzählt, dass der zur verachteten Gruppe der Zöllner gehörende Levi von Jesus zum Jünger berufen wurde: „Und danach ging er (Jesus) hinaus und sah einen Zöllner mit Namen Levi am Zoll sitzen und sprach zu ihm: Folge mir nach!“ Kurioser Weise heißt dieser Zöllner im „Evangelium nach Matthäus“ (Kapitel 9, Vers 9) nicht Levi, sondern Matthäus: „Und als Jesus von dort wegging, sah er einen Menschen am Zoll sitzen, der hieß Matthäus; und er sprach zu ihm: Folge mir! Und er stand auf und folgte ihm.“

Die verbotenen Evangelien zeichnen ein klares Bild von Maria Magdalena: Sie war eine unabhängige Frau und war Jesus wichtiger als alle seine Jünger. Die verbotenen Evangelien – wie etwa das „Philippus Evangelium“ – nennen Maria Magdalena seine „Paargenossin“. Jesus war Jude. Im „Heiligen Land“ hatte ein Mann spätestens mit 30 Jahren verheiratet zu sein. Das galt ganz besonders für Jesus. Denn Jesus zog predigend durch die Lande und unterrichtete seine Landsleute in der „Heiligen Schrift“. Freunde wie Feinde redeten daher Jesus respektvoll mit „Rabbi“ an. Und Rabbis mussten unbedingt verheiratet sein.

In unseren Übersetzungen allerdings wurde der „Rabbi“ in der Regel durch den Begriff „Meister“ ersetzt. So lesen wir zum Beispiel im „Evangelium nach Markus“ (Kapitel 5, Vers 35): „Deine Tochter ist gestorben. Was bemühst du weiter den Meister?“ Bei Matthäus (Kapitel 19, Vers 16) steht: „Und siehe, einer trat zu ihm und sprach: ›Meister, was soll ich Gutes tun?‹“ Selbst Schriftgelehrte, die Feinde Jesu, ehren ihn auf diese Weise (Das „Evangelium nach Matthäus“ Kapitel 8, Vers 19):“Und es trat zu ihm ein Schriftgelehrter und sprach zu ihm: ›Meister, ich will dir folgen.‹“ Auch die Zöllner nennen Jesus in unseren Übersetzungen Meister (Das „Evangelium nach Lukas“ Kapitel 3, Vers 12): „Meister, was sollen wir denn tun?“ Die Pharisäer, alles andere als Freunde Jesu, lassen es in Sachen Anrede auch nicht an Respekt fehlen (Das „Evangelium nach Matthäus“ Kapitel 9, Vers 11), auch sie nannten Jesus „Meister“. Fast überall ist der „Rabbi“ aus den Bibeltexten verschwunden. Im „Evangelium nach Johannes“ allerdings taucht er doch noch auf

(Kapitel 1, Vers 38): „Sie aber sprachen zu ihm: ›Rabbi – das ist verdolmetscht Meister – wo bist du zuhause?‹"

Jesus wurde auf Hebräisch mit „Rabbi" angeredet. Die griechische Übersetzung machte daraus „Diadaskalos", die lateinische „Magister". Und die modernen heutigen Übersetzungen greifen zum Ausdruck „Meister". Warum aber musste der „Rabbi" dem „Meister" weichen? Warum wird in unseren Übersetzungen Jesus nicht mit dem Titel angeredet, der für die Zeitgenossen Jesu eine Selbstverständlichkeit war?

Ein Rabbi musste verheiratet sein. Unverheiratete Rabbis sollte es bei den Juden nicht geben. Die jüdisch-religiöse Literatur weiß nur von einer einzigen Ausnahme. Fest steht: Im Judentum war der verheiratete Rabbi mehr als der Normalfall: Er war die Norm! Der babylonische Talmud, etwa 1500 Jahre alt, erklärt in zwölf voluminösen Bänden die jüdische Religionslehre und wie sie im Alltag umzusetzen ist. Der Talmud belegt, dass von einem Rabbi Heirat und das Zeugen von Nachwuchs gefordert wurde. Ein Rabbi wird im Buch „Jabmuth" (63,b) scharf gerügt, weil er ledig blieb, um mehr Zeit für die mosaischen Bücher zu haben. Der göttliche Befehl (1. Buch Mose Kapitel 1, Vers 28) „Seid fruchtbar und mehret euch!" wurde als Ehepflicht interpretiert, die besonders für Rabbis galt.

Jesus wanderte als über dreißigjähriger „Rabbi" unterrichtend durchs Land: Man muss also davon ausgehen, dass Jesus verheiratet war. Warum wird dieser Sachverhalt aber in den Evangelien nicht erwähnt? Es gibt im gesamten „Neuen Testament" keinen Hinweis darauf, dass Jesus bärtig war. Trotzdem muss man davon ausgehen, dass Jesus einen Bart hatte. Erwachsene Männer hatten nun einmal im „Heiligen Land" zu Jesu Zeiten einen Bart. Das war der Normalfall. Was allgemein als selbstverständlich angesehen wurde, das wurde nicht erwähnt. Abweichungen von der Normalität wären hervorgehoben worden: Wenn Jesus keinen Bart gehabt hätte, dann wäre das in den Evangelien ebenso erwähnt worden wie wenn er nicht verheiratet gewesen wäre.

Jesus nahm an der Hochzeit zu Kana teil, aber offenbar nicht als Gast. Er war der Bräutigam. Als der Wein ausging, kümmerte sich Jesus – auf wundersame Weise – um Nachschub. Wann Jesus wohl geheiratet hat? Zu Beginn seines öffentlichen Auftretens bezeichnete sich Jesus den Jüngern des Johannes gegenüber als „Bräutigam". Das vermelden übereinstimmend die Evangelien nach Matthäus (Kapitel 9, Vers 15), Markus (Kapitel 2, Vers 19) und Lukas (Kapitel 5, Vers 34). Zu Beginn seiner öffentlichen Laufbahn war Jesus um dreißig Jahre alt: in diesem Alter hatte ein Jude verheiratet zu sein. Hat also Jesus geheiratet, bevor er mit seinen Jüngern durchs „Heilige Land" zog? Und wen mag er geheiratet haben? Maria Magdalena stand ihm näher als alle seine Jünger. Sie war die Frau, die er mehr liebte als alle anderen. Sie war – so das „Evangelium des Philippus" – Jesu „koinonos", Jesu Paargenossin.

Was ist das „Geheimnis der Hochzeit von Kana"? Mit etwas detektivischem Spürsinn haben wir es gelüftet: Jesus und Maria Magdalena haben in Kana geheiratet: eine wohlhabende Frau und ein mittelloser Wanderprediger. Beide verbindet ein Geheimnis, das für die patriarchalische Religion mit einem großen Vater-Gott im wahrsten Sinne des Wortes erschütternd sein kann!

Abb. 22: Anheimelnde Szenen im Stall zu Bethlehem (Dom zu Bremen)

Abb. 23: Evangelist Lukas *Abb. 24: Kanzel mit Johannes*

(Abb. 23 bis 26: St. Christophorus Kirche Wilschdorf)

Abb. 25: Evangelist Matthäus *Abb. 26: Evangelist Markus*

Abb. 27: Engel informierten Maria und Josef über die bevorstehende Geburt Jesu

Abb. 28: Evangelist Johannes berichtet über die Hochzeit zu Kana Bad Tölz Kalvarienberg

Abb. 29: Maria Magdalena zu Füßen des Kreuzes. Urschalling

Himmel und Erde ... Jesus und Maria Magdalena

In den ältesten religiösen Überlieferungen der Welt gibt eine Verbindung zwischen Himmel und Erde. Das Leben auf unserem irdischen Heimatplaneten ist nach dem vorpatriarchalischen Weltbild nicht das Produkt eines männlichen Schöpfergottes, sondern das Ergebnis der „Heiligen Hochzeit" zwischen Himmel und Erde. Im Reich der Sumerer gab es lange bevor die Texte des „Alten Testaments" entstanden, keinen Handwerker-Gott der wie ein überdimensionaler Modellbauer die Welt schuf. Nur die Göttin konnte gebären. Nammu, die Urgöttin, gebar Himmel und Erde. Himmel und Erde vereinten sich in der „Heiligen Hochzeit" und so entstand die Erde.

Das uralte Wissen über die Anfänge des Lebens blieb in vielen Teilen der Erde bis heute erhalten. Einige Beispiele von lebenden Überlieferungen über die Hochzeit von Himmel und Erde mögen als typische Beispiele genügen:

Im östlichen Indonesien und auf Timor werden auch heute noch „uis neno" (der männliche Himmel) und „uis pah" (die weibliche Erde) als Paar verstanden. Beide können nur miteinander, keiner kann allein existieren. Erst die heilige Hochzeit zwischen Himmel und Erde lässt das Leben auf der Erde entstehen.

Bei den Indianern Nordamerikas galt und gilt die Frau – bei allen Unterschieden der reichen religiösen Mythologie der verschiedenen Stämme – als Ebenbild der göttlichen Urmutter, der göttlichen Mutter Erde. Die Frau als Verführerin des Mannes zur Sünde gibt es nur im Christentum. Die Fruchtbarkeit der Frau wird bei den Indianern als Segen gesehen. Im Christentum muss die Frau unter Schmerzen gebären, weil sie angeblich ihren Mann Adam zum Ungehorsam gegen Gott verleitete.

Im indianischen Weltbild lebt der Mensch auf Erden zwischen Mutter Erde und Vater Himmel. Entsetzt waren die Indianer über das christliche Gebot, der Mensch müsse sich die Erde untertan machen. Für die Indianer Nordamerikas war und ist genau das das vielleicht schlimmste Sakrileg. Nach indianischer Überzeugung blieb das nicht ohne Folgen. Umweltkatastrophen sind demnach Reaktionen von Mutter Erde auf das Leid, das ihr – zum Beispiel aus Gewinnsucht – angetan wird. Allen missionarischen Bemühungen zum Trotz ist für jeden gläubigen Indianer der Mensch nicht Krone der Schöpfung. Kein Gott hat dem Menschen Erde, Tiere und Pflanzen zur Ausbeutung zur Verfügung gestellt. Vielmehr haben Menschen wie alle Lebewesen eine Seele und existieren in Gleichberechtigung nebeneinander. Die Gesamtheit der Natur ist Ausdruck des Göttlichen und darf nicht „untertan" gemacht werden. Indianische Religion kann nicht als Alibi für die Ausbeutung von Natur und Umwelt missbraucht werden.

Auf den paradiesischen Süd-Molukken (früher „Gewürzinseln") erinnert das Porka-Fest am 22. August an die „Urhochzeit" zwischen dem Sonnengott und der Erdgöttin. Auch nach den ältesten Überlieferungen Nord-Sulawesis (Indonesien) verdanken Götter und Menschen ihre Existenz einer „Heiligen Hochzeit": zwischen dem männlichen Sonnengott Toar und der göttlichen Urmutter Empung Lumimut'ut ... also zwischen Himmel und Erde.

Bei den Kelten wurde am 1. August das Lughnasadh-Fest zelebriert: zur Erinnerung an die „Heilige Hochzeit" zwischen dem Lichtgott Lugh und der Erdgöttin. Lugh starb den Opfertod, um wieder zum Leben aufzuerstehen. Lugh ist unschwer als ein keltischer Jesus zuerkennen. Wenn sich Lugh mit der Erdgöttin paarte, wer war dann die Partnerin Jesu? Das war wohl Maria Magdalena! Das „heidnische Fest" war so fest im Bewusstsein der Menschen verankert, dass es nicht abgeschafft wurde. So wurde es „christianisiert" und wird auch heute noch als „Lammas", als ein Erntedankfest gefeiert.

Im „Alten Testament" wird Jahwe mit Nachdruck als alleiniger Gott propagiert. An andere Götter durfte nicht geglaubt werden. Wer sich von Jahwe abwandte und für eine andere Religion entschied, der beging nach mosaischem Gesetz ein todeswürdiges Verbrechen. Die Todesstrafe war für die religiöse Untreue vorgesehen. So stark auch das „Alte Testament" in der Theorie den Eingottglauben propagierte, die Praxis sah anders aus: im Allerheiligsten des Tempels zu Jerusalem herrschte nicht Gott allein! Da gab es neben Gott Jahwe noch die Göttin Aschera, die Partnerin Jahwes. Alltägliche Praxis und religiöses Wunschdenken unterschieden sich im „Heiligen Land" also ganz erheblich.

Der biblische Schöpfungsbericht will von einer Muttergöttin nichts mehr wissen. Oder genauer gesagt: Die Übersetzer und Bearbeiter der biblischen Texte haben versucht, die Erinnerungen an die Göttin auszulöschen. So ganz ist ihnen das nicht gelungen. Denn nach wie vor klingt die Erinnerung an die uralte Überlieferung der „Heiligen Hochzeit" zwischen Himmel und Erde auch im biblischen Schöpfungsbericht an: der patriarchalische Schöpfergott löst die Verbindung zwischen Himmel und Erde. Er zerstört die Vereinigung von Himmel und Erde, um sich selbst zum Schöpfergott zu machen.

Im Schöpfungsbericht des „Alten Testaments" gibt es keine mystische Vereinigung von Himmel und Erde mehr. Himmel und Erde werden zu bloßen unbelebten Kulissen degradiert, in denen der patriarchalische Gott grandios als Schöpfer in Szene gesetzt wird. Der Himmel ist in der Bibel nur noch eine Kuppel mit Lampen unterschiedlicher Größe, vergleichbar mit einem Gewächshaus.

Die Trennung von Himmel und Erde durch den männlichen Gott des Patriarchats beweist aber, dass es vorher eine Verbindung zwischen Himmel und Erde gegeben haben muss. Andernfalls wäre ein Eingreifen Jahwes gar nicht erforderlich gewesen. Was Jahwe trennte (schied in der Sprache des Schöpfungsberichtes), muss vorher verbunden gewesen sein. Die Vereinigung von Himmel und Erde in der „Heiligen Hochzeit" ist älter als der monotheistische Jahwe-Glaube. Was Jahwe trennen muss, das war zuvor vereint – im Schöpfungsakt der „Heiligen Hochzeit". Oder genauer: Himmel und Erde vereinten sich alle Jahre wieder, um den Fortbestand des Lebens auf Erden zu gewährleisten.

Die Muttergöttin muss auch zu biblischen Zeiten noch sehr mächtig und vor allem beliebt gewesen sein. Sie ließ sich von den Vertretern des Patriarchats nicht beseitigen, sondern lebte in den Herzen der Menschen weiter – und auch in der Bibel. Allen gegenteiliger Bemühungen der patriarchalischen Jahwe-Propagandisten bleibt die Erdgöttin erhalten: Es ist die göttliche Adamah, die Mutter Erde, die auch im biblischen Schöpfungsbericht alles sprießen und gedeihen lässt.

Die Göttin „Mutter Erde" lebt in der Bibel als Adamah der Schöpfung weiter. Aber gibt es in der Bibel auch Hinweise auf die „Heilige Hochzeit" zwischen Himmel und Erde? Erinnern wir uns: Kain betete die

Erdgöttin Adamah an. Er wurde dafür vom biblischen Gott mit Verachtung und Ablehnung bestraft. Wenn wir den Hinweis auf die Geburt Kains genau lesen, erkennen wir die „Heilige Hochzeit" wieder: zwischen Gott und Göttin. Eva war die Göttin, die den Ehrentitel „Mutter alles Lebenden trug". Als Vater Kains wird – das glaubt der heutige Bibelleser zu wissen – Adam genannt. Evas Worte sind aber alles andere als eindeutig (1. Buch Mose Kapitel 4, Vers 1): „Ich habe einen Mann gewonnen mit Hilfe des Herrn (Jahwe)." Wie der auf den ersten Blick harmlos wirkende Vers auch verstanden werden kann, verdeutlicht die Übersetzung der Elberfelder-Bibel: „Ich habe einen Mann hervorgebracht mit dem Herrn (Jahwe)."

Dr.theol. Othmar Keel, Professor für Altes Testament und biblische Umwelt an der Universität Freiburg/ Schweiz und seine Kollegin, Dr.theol. Silvia Schroer, Universität Bern, deuten ein ganz anderes Verständnis des Verses an. In ihrem Werk „Schöpfung/ Biblische Theologien im Kontext altorientalischer Religionen" (Göttingen 2008, S. 113): „Die Erinnerung an einen hieros gamos (heilige Hochzeit) könnte, wenngleich der hebräische Text nicht eindeutig ist, auch erhalten sein, wenn Eva nach der Geburt ihres ersten Sohnes sagt: Ich habe mit Jhwh einen Mann/ Menschen hervorgebracht."

In der Tat: der Vers lässt sich auch so verstehen, dass es eine „Heilige Hochzeit" gab, nämlich zwischen der Göttin Eva (die alles Leben hervorbrachte) einerseits und Gott Jahwe andererseits. Kain wäre demnach der Sohn Jahwes, der zur Muttergöttin betete ... und deshalb von Jahwe verstoßen wurde! Damit soll keineswegs behauptet haben, dass der allmächtige Jahwe ganz Mann mit der irdischen Eva einen Sohn zeugte. In der „Heiligen Hochzeit" übernehmen Menschen die Rollen von Göttern. Adam vertrat Jahwe, Eva wurde zur Muttergöttin, die der Erde alles Lebendige schenkte. Kain wäre also das Ergebnis einer „heiligen Hochzeit" zwischen Jahwe und Eva ... als Eva noch eine Göttin war.

Noch deutlicher sind die Spuren der „Heiligen Hochzeit" im „Neuen Testament". Zelebriert wurde das uralte Ritual von Jesus und einer Göttin. Man muss lediglich den Code der Evangelisten knacken, um die Brisanz ihrer Aussage auch erkennen zu können.

Zu Beginn seiner Reisen als Prediger und Heiler durch das „Heilige Land“ ließ sich Jesus von Johannes dem Täufer taufen. Im „Evangelium nach Matthäus“ liest sich das so (Kapitel 3, Verse 16-17): „Und als Jesus getauft war, stieg er alsbald herauf aus dem Wasser. Und siehe, da tat sich ihm der Himmel auf, und er sah den Geist Gottes wie eine Taube herabfahren und über sich kommen. Und siehe, eine Stimme vom Himmel herab sprach: Dies ist mein lieber Sohn, an dem ich Wohlgefallen habe.“

Bei Markus (Kapitel 1, Verse 1o und 11) wird das gleiche wundersame Ereignis so geschildert: „Und alsbald, als er aus dem Wasser stieg, sah er, dass sich der Himmel auftat und der Geist wie eine Taube herab kam auf ihn. Und da geschah eine Stimme vom Himmel: Du bist mein lieber Sohn, an dir habe ich Wohlgefallen.“

Im „Evangelium nach Lukas“ (Kapitel 3, Verse 21 und 22) werden die gleichen Details vermittelt: „Und es begab sich, als alles Volk sich taufen ließ und Jesus auch getauft worden war und betete, da tat sich der Himmel auf, und der Heilige Geist fuhr hernieder auf ihn in leiblicher Gestalt wie eine Taube, und eine Stimme kam aus dem Himmel: Du bist mein lieber Sohn, an dir habe ich Wohlgefallen.“

Das Szenario lässt sich so beschreiben: Jesus steht am Ufer des Jordan. Wo ist Gott? Der, so meint man als Christ zu wissen, befindet sich im Himmel. Doch wenn wir den Text unvoreingenommen lesen, erkennen wir, dass es keinen Hinweis auf den Gott des Patriarchats im Himmel gibt. Die Distanz zwischen Himmel und Erde wird durch den „Heiligen Geist“ überbrückt, der aus dem Himmel zur Erde fliegt. Der „Heilige Geist“ hat im Verlauf der Jahrtausende eine bemerkenswerte Wandlung durchgemacht. Im Deutschen ist er – der „Heilige Geist“ – männlich. Vermutlich gab die lateinische Vorlage der Bibel, die „Vulgata“ den Ausschlag: da heißt er „Spiritus Sanctus“ und ist ebenfalls männlich. Die ältere griechische Vorlage des „Neuen Testaments“ allerdings kennt keinen männlichen „Heiligen Geist“. „Pneuma“ ist im Griechischen sächlich, Neutrum. Im Hebräischen des „Alten Testaments“ allerdings finden wir die älteste Version: „Ruach“. Und der „Heilige Geist“ Gottes – „Ruach“ – ist eindeutig weiblich. Korrekt müsste man also von der „heiligen Geistin“ sprechen, die im Lauf der Jahrtausende erst zum Neutrum und dann zum Maskulinum wurde.

Bei der Taufe Jesu fliegt also die „heilige Geistin“ aus dem Himmel zur Erde. Warum aber hat sie dabei die Gestalt einer Taube? Warum tritt „Ruach“ als Taube auf? Für uns ist die Taube zum Symbol des Friedens geworden. In der Antike allerdings war die Taube das Göttinnensymbol schlechthin! Wie sie auch hießen, ob Aphrodite, Atargatis, Ischtar, Turan oder Venus, sie waren allesamt wichtige Liebesgöttinnen und ihr Symbol war die Taube! Sie waren Muttergöttinnen der Fruchtbarkeit ... oder besser gesagt: Die Taube steht für die ein- und dieselbe Göttin, die unter verschiedenen Namen geehrt wurde.

Im „Evangelium nach Johannes“ (Kapitel 1, Vers 32) lesen wir über den Abstieg der Muttergöttin vom Himmel in Taubengestalt: „Und Johannes bezeugte und sprach: ›Ich sah, dass der Geist herabfuhr wie eine Taube.‹“ Eine mächtige Göttin durfte nach biblischem Weltbild gar nicht existieren. Jahwe war als alleiniger und einziger Gott anzubeten. Wenn also etwas Überirdisches in Gestalt des Symbols der Göttin vom Himmel kam, dann durfte das nur der Teufel sein. Die Anhänger des Jahwe-Patriarchen verteufelten also die Göttin. Und so heißt es im „Evangelium nach Lukas“: (Kapitel 10, Vers 18): „Ich sah den Satan vom Himmel fallen wie einen Blitz.“ Ganz eindeutig wird hier mit einem Zitat aus dem „Alten Testament“ gespielt, nämlich mit einem Wort aus Jesaja (Kapitel 14, Vers 12): „Wie bist du vom Himmel gefallen, du schöner Morgenstern!“ Der Morgenstern war die Venus. Die Venus wiederum war nicht nur im „Heiligen Land“ – genauso wie die Taube – Symbol der Muttergöttin, der Göttin der Fruchtbarkeit.

Und schon erscheint die Geschichte von Jesu Taufe in ganz anderem Licht: Aus dem Himmel steigt die Göttin der Fruchtbarkeit in der Gestalt einer Taube zur Erde herab. Im ursprünglichen Matriarchat wurde nicht differenziert zwischen Gott und Göttin. Es gab nur die Herrin des Himmels. Die Theologin Dr. Christa Mulack fasst in ihrem Standardwerk „Maria, die geheime Göttin im Christentum“ (Schalksmühle 2005, S. 42) zusammen: „Als Große Göttin des Anfangs taucht sie aus dem Meer auf, tanzt und schwebt mit oder ohne Muschel über dem Meer und verwandelt sich schließlich in eine Taube. Über dem Chaos fliegend legt sie das Weltenei, aus dem dann die Dinge der Welt entstehen. Dieser Kern ist im biblischen Schöpfungsmythos erhalten geblieben.“ Und weiter: „Dort (also im Schöpfungsbericht der Bibel) ist es die Ruach, die

Heilige Geistin, dessen Symbol auch die Taube ist, die über den Wassern schwebt und die Schöpfung einleitet. Wen wundert es nun, dass das Symboltier aller orientalischen Fruchtbarkeits- und Liebesgöttinnen die Taube ist? Jahu, die Erhabene Taube, durchzieht als Symbol für den Schöpfungsgrund die Jahrtausende und ist bis in unsere Zeit als Symbol der Liebe und des Friedens gegenwärtig."

Kehren wir zur „Taufe Jesu" im „Neuen Testament" zurück! Der Himmel öffnet sich und die Göttin der Fruchtbarkeit erscheint. Aus dem Himmel herab erklingt eine Stimme. Sie verkündet im „Evangelium nach Matthäus": „Dies ist mein lieber Sohn!" In den Evangelien nach Markus und Lukas sagt sie: „Du bist mein lieber Sohn!" Wer spricht da? Voreilig antworten wir vielleicht: Gott Jahwe! Aber von Gott Jahwe steht nichts in den Taufberichten, nicht im „Evangelium nach Matthäus", nichts in den Evangelien nach Markus und Lukas. So stark ist unser Denken von Bildern patriarchalischer Religion geprägt, dass wir uns den männlichen Gott einfach hinzudenken. Dabei ist die Sachlage eindeutig: Die Urgöttin schwebt als Taube aus dem Himmel herab. Sie, nicht Jahwe, bezeichnet Jesus als ihren Sohn! Jesus ist der Sohn der Göttin.

Am Anfang war die Göttin des reinen Matriarchats. Sie hatte keinen patriarchalisch-männlichen Gott an ihrer Seite. Auf dem Weg zum Patriarchat wurde der Göttin ein Sohn geschenkt. Sie gebar ihn ohne männliche Mitwirkung: Die Göttin Nana alias Kybele, so berichtet es ein Mythos aus Phrygien, Kleinasien, befruchtete mit ihrem Blut die Erde. Ein Mandelbaum wuchs und trug Früchte. Von einer der Früchte des Wunderbaums wurde Kybele alias Nana schwanger und gebar einen Sohn, Attis. So wurde der „großen Mutter" ein Mann zur Seite gestellt, ein Sohn.

Immer wieder begegnen uns Muttergöttin und Sohn-Geliebter. Die Rollen sind die gleichen, nur die Namen wechseln. Im Land der Pyramiden wird Hathor als mächtige Himmelskönigin, aber auch als Göttin der Liebe und der Fruchtbarkeit verehrt. Sie hat als Partner den Horus, der ihr Mann und zugleich ihr Sohn ist. In der syrischen Mythologie sind Astarte und ihr Sohn-Geliebter Adon miteinander verbunden. Astarte war eine Venus, Adon eine Variante von Adonis. Der Philologe Prof. Herbert J. Rose schreibt in seinem Werk „Griechische Mythologie" über Aphrodite und Adonis: „Wir haben hier zweifellos die verbreitete orientalische Erzählung von der großen Mutter und ihrem göttlichen Liebhaber vor uns ... Hinter dieser lieblichen Geschichte erkennen wir noch die Umrisse eines orientalischen Mythos von der großen Mutter und ihrem Liebhaber, der stirbt, wie die Vegetation stirbt, und wieder zum Leben zurückkehrt."

Immer wieder geht es um geheimnisvolle Riten und Freudenfeiern. Je stärker das monotheistische Judentum wurde, desto mehr wurden die Feierlichkeiten verdrängt. Sie durften, da sie für die Jahwe-Propagandisten Gotteslästerung waren, zeitweise nur im Verborgenen zelebriert werden. In den unterschiedlichen Regionen wechselten die Namen, die Rollen blieben aber die gleichen. Der Sohn der Göttin wurde zum Partner des „kosmischen Herrin" im Ritual der „Heiligen Hochzeit". Selbst im „Neuen Testament" ist das noch so. Auch wenn die Texte stark christlich zensiert worden sind, so ist doch der vermeintlich „unchristliche" Kern nach wie vor zu erkennen.

Die in den Evangelien nach Matthäus, Markus und Lukas überlieferte Geschichte von der „Taufe Jesu am Jordan" beschreibt in verschlüsselter Form die „Heilige Hochzeit" zwischen der Göttin der Fruchtbarkeit (Taube) und ihrem Sohn-Geliebten Jesus. Erinnern wir uns: Die Himmelskönigin (Taube) verkündet: Jesus ist ihr Sohn! Verschämt diskret umschreiben die vier Evangelisten das aus ihrer Sicht sündhafte Ritual zwischen Taube und Jesus:

- Matthäus (3, 16): „... und er sah den Geist Gottes wie eine Taube herabfahren und über sich kommen."
- Markus (1, 10): „Und alsbald, als er aus dem Wasser stieg, sah er, dass sich der Himmel auftat und der Geist wie eine Taube herabkam auf ihn."
- Lukas (3, 22): „... und der Heilige Geist fuhr hernieder auf ihn in leiblicher Gestalt wie eine Taube."
- Noch am deutlichsten ist das Evangelium nach Johannes.
- Johannes (1, 32): „Ich sah, dass der Geist herabfuhr wie eine Taube vom Himmel und blieb auf ihm."

Die Fruchtbarkeitsgöttin kam vom Himmel herab und „blieb auf Jesus". Durch die „Heilige Hochzeit" wurde Jesus befördert. Gerda Weiler erklärt in ihrem Buch „Das Matriarchat im Alten Israel" (Stuttgart 1989, S. 67): „Die erotische Kraft des matriarchalischen Jünglingsgottes hebt den schöpferischen, den zeugenden Gott über sich selbst hinaus und macht ihn für eine begrenzte Zeit zum ›König‹, zum irdischen Gefährten der Himmelskönigin.“

Die Fruchtbarkeitsgöttin kam vom Himmel herab, vollzog mit Jesus die „Heilige Hochzeit“ und machte Jesus – vorübergehend – zum König von der Göttin Gnaden. Tatsächlich begrüßen die Volksmassen Jesus bei seinem legendären Einzug in Jerusalem als König. Bei Lukas (Kapitel 19, Vers 38): „Gelobt sei, der da kommt, der König im Namen des Herrn“. Im „Evangelium nach Johannes“ (Kapitel 12, Verse 12 und 13) wird Jesus noch frenetischer begrüßt: „Als am nächsten Tag die große Menge, die aufs Fest gekommen war, hörte, dass Jesus nach Jerusalem käme, nahmen sie Palmzweige und gingen hinaus ihm entgegen und riefen: Hosianna! Gelobt sei, der da kommt in dem Namen des Herrn, der König von Israel!“ Jesus selbst wehrt die Ehrung keineswegs ab. Er bestätigt, dass er sich für den König seines Volkes hält. Sein scheinbar demütiger Ritt auf einem Esel war kein Zeichen besonderer Bescheidenheit. Vielmehr inszenierte Jesus seinen Einzug in die „Heilige Stadt“ ganz bewusst so, um einem alten Prophetenwort zu entsprechen. Das Volk proklamierte Jesus zum lang erwarteten König. Und Jesus folgte buchstabengetreu der Prophezeiung des biblischen Sacharja (Kapitel 9, Vers 9), zur Begeisterung des Volkes („Evangelium nach Johannes“ Kapitel 12, Verse 14 und 15): „Jesus aber fand einen jungen Esel und ritt darauf, wie geschrieben steht ›Fürchte dich nicht, du Tochter Zion! Siehe, dein König kommt und reitet auf einem Eselsfüllen.‹“

Doch halt: Was legitimiert Jesu Anspruch auf das Königtum? Die Antwort scheint einfach zu sein. Im „Evangelium nach Matthäus“ wird auf ein wichtiges Detail hingewiesen (Kapitel 21, Verse 8 und 9): „Aber eine sehr große Menge breitete ihre Kleider auf den Weg; andere hieben Zweige von den Bäumen und streuten sie auf den Weg. Die Menge aber, die ihm voranging und nachfolgte, schrie: Hosianna dem Sohn Davids! Gelobt sei, der da kommt in dem Namen des Herrn! Hosianna in der Höhe!“ Die Menge begrüßte Jesus als König, weil er – zumindest nach Überzeugung der Christen – ein Nachkomme aus dem Königshaus Davids war.

Das aber war Jesus nicht! Gewiss, das „Evangelium nach Matthäus“ (Kapitel 1, Verse 2-17) und das „Evangelium nach Lukas“ (Kapitel 3,

Verse 23-38) bieten zwei Stammbäume Jesu an. Beide – so widersprüchlich sie auch sind – versuchen zu dokumentieren, dass Jesus über seinen Vater Joseph ein direkter Nachkomme von König Davids war. Doch selbst wenn Joseph tatsächlich ein direkter Nachkomme König Davids gewesen sein sollte, wofür es keinen historischen Nachweis gibt, so stammte Jesus doch nicht von David ab! Wurde Jesus doch nach christlicher Überzeugung jungfräulich und ohne Mitwirkung Josephs geboren! Die „jungfräuliche Mutter Maria" erinnert an die Urgöttin, die mit ihrem Geliebten die „Heilige Hochzeit" zelebrierte!

Maria, heute von Christen als „jungfräuliche Himmelskönigin" verehrt, hatte eine Vorgängerin: Aphrodite-Mari, die wohl schon Jahrtausende vor der christlichen Maria verehrt wurde. Auf Zypern gab es in vorchristlichen Zeiten einen Tempel der Aphrodite. Er wurde in einen Tempel der Jesus-Mutter Maria umgewandelt.

Zurück zu Jesu Vater Joseph. Marias Ehemann war nicht Jesu biologischer Vater und Jesus war kein Davdianer! Wenn aber Jesus wegen der jungfräulichen Geburt kein Nachkomme Davids war, was legitimierte ihn dann als König? Die „Heilige Hochzeit" zwischen der „Taube" und Jesus machte Jesus zum göttlichen König, nicht seine Herkunft!

Wer aber war die „Taube" Jesu? Wer war die Göttin der Fruchtbarkeit, die gemeinsam mit Jesus die „Heilige Hochzeit" zelebrierte? Maria Magdalena stand Jesus näher als alle anderen Frauen. Vermutlich war er mit ihr verheiratet. So muss man annehmen, dass es Jesus und Maria Magdalena waren, die den viele Jahrtausende alten Brauch ausübten.

Bei den Sumerern hieß die „große Mutter" Inanna. Sie war Jahrtausende vor dem christlichen Zeitalter die „Herrin des Himmels"... und somit eine Vorläuferin von Maria, die heute noch als „Königin des Himmels" tituliert wird. Inanna suchte sich einen einfachen irdischen Mann – für die „Heilige Hochzeit". Der Normalsterbliche wurde durch das Ritual zum König und Gott. Aus dieser Verbindung ging der „Erlöser" hervor: der Sohn Inannas hieß Attis, der Sohn Marias – der christliche Erlöser – Jesus. Inanna reiste zwischen der Welt der Lebenden und jener der Toten hin und her. So gebot sie über den ewigen Zyklus von Werden und Vergehen, Sterben und Geborenwerden.

Als vor Jahrtausenden das Reich der Sumerer in voller Blüte stand, wurde schon seit Ewigkeiten die „Heilige Hochzeit“ praktiziert. Der uralte Brauch geht aber auf vorsumerische Zeiten zurück. Seine Ursprünge verlieren sich in der fernen Vergangenheit. Bei den Sumerern galt die Hochzeit von Himmel und Erde als Bedingung für das Fortbestehen des Lebens auf Erden. Alljährlich wurde die Vermählung wiederholt: die höchste Priesterin vertrat dabei den Himmel, der irdische Regent die Erde. Die Priesterin wurde im Ritual zur höchsten Göttin, zu Inanna. Ihr „irdischer“ Partner zu Dumuzi, zum Gott des Frühlings und der Fruchtbarkeit. So komplex die uralten heiligen Texte auch anmuten mögen, so einfach ist ihre Kernaussage: Mit dem Tod des Gottes geht auch der Tod der Natur einher. Alles Grün stirbt, Hungerkatastrophen drohen. Das Leben auf Erden wird wohl erlöschen, wenn kein Wunder geschieht. Die Göttin steigt ins Totenreich hinab, um ihren Geliebten in die Welt der Lebenden zurückzuholen. Mit der Auferstehung des göttlichen Partners erwacht auch die Natur zu neuem Leben. Tod und Auferstehung gibt es auch im Leben Jesu, so wie es uns von den Evangelisten überliefert wird.

Einst ritt Salomo auf einem Esel zur Quelle von Gihon, um sich zum König salben zu lassen. Die Gihonquelle in einer unterirdischen Grotte am Fuße des Ofel-Berges spendet das ganze Jahr über lebenswichtiges sauberes Wasser. Als einzige in der Gegend versiegt sie nie. Sie war vor Jahrtausenden ein unermesslich wertvoller Schatz. Sie lag zu biblischen Zeiten nach Errichtung massiver Verteidigungsanlagen außerhalb der wehrhaften Stadtmauern von Jerusalem. So konnte die Stadt gut gegen anrückende Feinde verteidigt werden. Einen wunden Punkt hatte die Stadt aber doch Feindliche Truppen konnten den Bewohnern von Jerusalem den Zugang zur lebenswichtigen Quelle abschneiden. Deshalb ließ König Hiskia 701 v.Chr. einen rund 500 Meter langen unterirdischen Tunnel anlegen. Der gelungene Bau war eine geniale Meisterleistung. So blieb gewährleistet, dass die Bewohner Jerusalems auch im Falle einer kriegerischen Belagerung trotzdem Zugang zur Quelle hatten.

Eine unterirdische Grotte mit nie versiegender Quelle war zu biblischen Zeiten ein uraltes Symbol: Für die Fruchtbarkeit der Muttergöttin. „Die Erde offenbarte sich den Völkern des Altertums als die göttliche Frau.“ schreibt Prof. Stephen Benko, Religionswissenschaftler und

Historiker in seinem Werk „The Virgin Goddess“ (Leiden 2004, S. 206). Und weiter: „Sie beobachteten die Fruchtbarkeit der Erde und erkannten das gleiche Geheimnis, das sich bei jeder Frau wiederholt, wenn sie ein Kind gebärt: die Erde ist wie eine mysteriöse Gebärmutter, sie empfängt den Samen, nährt ihn, und bringt zu gegebener Zeit die Frucht hervor. So wurde die Erde personifiziert als die Mutter schlechthin. Das war auch die Grundlage für die mythische Weltentstehungslehre, wonach eine sexuelle Vereinigung zwischen Himmel und Erde die ursprüngliche Ursache dafür war, dass alles Existierende entstanden ist.“

Die Gihonquelle war Symbol der heiligen lebensspendenden Mutter Erde. War es ein Zufall, dass just dort Salomo zum König gesalbt wurde? König Salomo war Anhänger matriarchalischer Göttinnen und praktizierte „heidnische“ Rituale, wohl auch die „Heilige Hochzeit“. Deshalb kam er bei Jahwe, dem Gott des Patriarchats, in Ungnade. So ist es wohl kein Zufall, dass Christen die heilige Quelle in der Grotte „Marienquelle“ und Moslems „Quelle der Jungfrau Maria“ nannten. Man muss davon ausgehen, dass sie lange vor Entstehung der biblischen Texte als Heiligtum matriarchalischer Kulte diente. Durch die Umbenennung sollte die Erinnerung an die ursprüngliche Bedeutung der Quelle für die matriarchalische Göttin verdrängt werden.

Der legendäre König Salomo ließ sich an der Gihonquelle zum König salben. Die feierliche Zeremonie wurde von Priestern vorgenommen. Nur einen Katzensprung entfernt – in Bethanien – wurde Jesus gesalbt: aber nicht von Priestern des Patriarchats, sondern von Maria Magdalena!

Im „Evangelium nach Matthäus“ ist es eine namenlose Frau, die Jesu Haupt salbt (Kapitel 26, Verse 6 und 7): „Als nun Jesus in Betanien war im Hause Simons des Aussätzigen, trat zu ihm eine Frau, die hatte ein Glas mit kostbarem Salböl und goss es auf sein Haupt, als er zu Tisch saß.“ Jesu Jünger, so lesen wir weiter, empören sich über die vermeintliche Verschwendung (Vers 8): „Als das die Jünger sahen, wurden sie unwillig und sprachen: Wozu diese Vergeudung? Es hätte teuer verkauft und das Geld den Armen gegeben werden können.“ Jesus aber tadelt die Jünger (Vers 10): „Als Jesus das merkte, sprach er zu ihnen: Was betrübt ihr die Frau? Sie hat ein gutes Werk an mir getan.“

Auch im Evangelium nach Lukas (Kapitel 7, Verse 36-50) wird Jesu Salbung geschildert. Wieder bleibt die Frau anonym, die die Zeremonie an Jesus vornimmt, anonym. Sie wird als „Sünderin“ tituliert. Als „Sünderinnen“ und „Huren“ wurden die Frauen beschimpft, die die „Heilige Hochzeit“ praktizierten. Die „Salbung des Mannes“ durch die „Heilige Frau“ war ursprünglich die Umschreibung des Geschlechtsverkehrs zwischen „Göttin“ und „Gott“. Intimitäten im Rahmen einer Religion lösten bei patriarchalischen Religionen schon Abscheu aus. Dass aber die Frau bei der „Heiligen Hochzeit“ den Mann erst zum Gott erhob, war für monotheistische Religionen völlig unakzeptabel.

Das „Evangelium nach Markus“ (Kapitel 14, Verse 3-9) stimmt mit dem Bericht bei Matthäus überein: Eine namenlose Frau salbt im Hause Simons, des Aussätzigen, Jesus in Bethanien.

Verwirrend wird es im „Evangelium nach Johannes“. Fast nur beiläufig heißt es da vor der Auferweckung des Lazarus von den Toten (Kapitel 11, Vers 2): „Maria aber war es, die den Herrn mit Salböl gesalbt und seine Füße mit ihrem Haar getrocknet hatte.“ Mit anderen Worten: Nach diesem Vers muss Jesus bereits vor der Auferweckung des Lazarus von den Toten von Maria Magdalena gesalbt worden sein.

Dann wird die Aufmerksamkeit des Lesers auf die „Auferweckung des Lazarus“ gelenkt. Jesus, so lesen wir, ruft den bereits vor vier Tagen bestatteten Lazarus aus seiner Gruft (Verse 43-45): „Lazarus, komm heraus! Und der Verstorbene kam heraus, gebunden mit Grabtüchern an Füßen und Händen, und sein Gesicht war verhüllt mit einem Schweißtuch. Jesus spricht zu ihnen: Löst die Binden und lasst ihn gehen! Viele nun von den Juden, die zu Maria gekommen waren und sahen, was Jesus tat, glaubten an ihn.“

Ein Kapitel später (Kapitel 12, Vers 1) besucht Jesus erneut das Haus des Lazarus. Es geht ganz klar aus dem Text hervor, dass zu diesem Zeitpunkt die Auferweckung des Lazarus bereits stattgefunden hatte (Kapitel 12, Vers 1): „Sechs Tage vor dem Passafest kam Jesus nach Betanien, wo Lazarus war, den Jesus auferweckt hatte von den Toten.“ Dann wird Jesus von Maria Magdalena gesalbt: in Gegenwart von Lazarus (Kapitel 12, Verse 2-5): „Dort machten sie ihm ein Mahl und Marta diente ihm; Lazarus aber war einer von denen, die mit ihm zu Tisch saßen. Da nahm Maria ein Pfund Salböl von unverfälschter, kostbarer Narde und salbte die Füße Jesu und trocknete mit ihrem Haar seine Füße; das Haus aber wurde erfüllt vom Duft des Öls. Da sprach einer seiner Jünger, Judas Iskariot, der ihn hernach verriet: Warum ist dieses Öl nicht für dreihundert Silbergroschen verkauft worden und den Armen gegeben?"

Jesus wurde also nicht nur ein Mal, sondern mindestens zwei Mal gar gesalbt: einmal vor der Auferweckung des Lazarus von den Toten und ein weiteres Mal danach! Kann es denn sein, dass Jesus mehrfach gesalbt wurde? Das ist nur dann möglich, wenn man die Salbung Jesu als Teil der „Heiligen Hochzeit" versteht. Diese heilige Zeremonie war zu Jesu Zeiten schon viele Jahrtausende alt. Die „Salbung" des Gemahls der Göttin gehörte zum Akt der „Heiligen Hochzeit" und musste alle Jahre wiederholt werden. Das von der Christenheit alljährlich wiederholte „Osterfest" erinnert ungewollt an die alljährlich stattfindende „Heilige Hochzeit".

Seit unermesslichen Ewigkeiten starb alle Jahre wieder der Partner der Göttin, um von ihr wieder aus dem Totenreich in die Welt der Lebenden zurückgeholt zu werden. Diese Zeremonie sollte gewährleisten, dass auch die Natur nach der Totenstarre des Winters erneut zu neuem Leben erwachte.

Sollte die „Totenauferweckung" des Lazarus Teil eines uralten Ritus gewesen sein? Ausführlicher als in den Evangelien der Bibel wird das geheimnisvolle – vermeintliche – Wunder im „Geheimen Evangelium des Markus" geschildert (Zitat aus: „Der Brief des Clemens von Alexandrien an Theodorus" in der von der Universität Bremen per Internet veröffentlichten Fassung.) Eine besonders wichtige Textpassage wurde nicht in den Kanon des „Neuen Testaments" aufgenommen. Der Verstorbene ist unschwer als Lazarus zu erkennen:

„Und sie kamen nach Bethanien, und eine gewisse Frau, deren Bruder gestorben war, war dort. Und herzu kommend, warf sie sich vor Jesus nieder und sagte zu ihm: ›Sohn Davids, habe Erbarmen mit mir!‹ Aber die Jünger wiesen sie zurück. Und Jesus, der in Wut geriet, ging hin mit ihr in den Garten, wo das Grab war, und zugleich wurde ein lauter Schrei aus dem Grab gehört. Und näher tretend, rollte Jesus den Stein vom Eingang des Grabes weg. Und sogleich ging er hinein, wo der

Jüngling war, streckte seine Hand aus und zog ihn hoch, indem er dessen Hand ergriff. Aber der Jüngling, als er ihn ansah, liebte ihn und fing an, ihn anzuflehen, dass er bei ihm sein möge. Und sie gingen aus dem Grab heraus und kamen in das Haus des Jünglings, denn er war reich. Und nach sechs Tagen sagte ihm Jesus, was er tun solle, und am Abend kommt der Jüngling zu ihm, ein leinenes Tuch über seinem nackten Körper tragend. Und er blieb diese Nacht bei ihm, denn Jesus lehrte ihn das Geheimnis des Reiches Gottes."

Dieser Jüngling taucht auch in der kanonisierten Bibel auf: bei der Verhaftung Jesu. Jesus tritt entschlossen den Kriegsknechten entgegen („Evangelium nach Johannes" Kapitel 18, Verse 4-5): „Da nun Jesus alles wusste, was ihm begegnen sollte, ging er hinaus und sprach zu ihnen: Wen sucht ihr? Sie antworteten ihm: Jesus von Nazareth. Er spricht zu ihnen: Ich bin's! „ Simon Petrus will die Verhaftung Jesu verhindern. Er greift zum Schwert und haut einem der Soldaten ein Ohr ab. Jesus verbietet den Kampf und heilt den Soldaten. Jesus fügt sich in sein Schicksal und lässt sich widerstandslos verhaften. Seine Jünger fliehen in Panik. Und dann taucht der „nackte Jüngling" auf: („Evangelium nach Markus" Kapitel 14, Verse 51 und 52): „Da verließen ihn alle und flohen. Ein junger Mann aber folgte ihm nach, der war mit einem Leinengewand bekleidet auf der bloßen Haut. Und sie griffen nach ihm. Er aber ließ das Gewand fahren und floh nackt davon."

Das „Evangelium nach Johannes" legt mehr als nahe, dass es nicht nur eine, sondern mehrere „Totenerweckungen" gegeben hat. Es handelte sich also nicht um ein einmaliges Wunder, sondern um ein sich wiederholendes Ritual. Das „Geheime Evangelium des Markus" gibt den entscheidenden Hinweis: Jesus weihte den „Auferweckten" in ein tiefes Geheimnis ein. Klärte er den Jüngling über die Bedeutung der „Heiligen Hochzeit" auf?

Fassen wir die Geschichte von Jesu Tod und Auferstehung zusammen: Jesus wurde nach der Salbung („Heilige Hochzeit") verhaftet, verhört und am Kreuz hingerichtet. Maria Magdalena blieb bei Jesus, als alle anderen Jünger flohen. Sich an der Hinrichtungsstätte zu Jesus zu bekennen, das war mehr als mutig. Das war lebensgefährlich. Groß war die Gefahr, von den Römern verhaftet zu werden: als Sympathisant eines Volksaufwieglers. Dann drohte die Todesstrafe.

Im „Evangelium nach Johannes“ (Kapitel 19, Vers 25) lesen wir: „Es stand aber bei dem Kreuze Jesu seine Mutter und seiner Mutter Schwester, Maria, des Kleopas Frau, und Maria Magdalena.“ Nachdem zunächst nur Frauen „bei dem Kreuz“ stehen, taucht unvermittelt ein Mann auf (Kapitel 19, Verse 26 und 27): „Da nun Jesus seine Mutter sah und den Jünger dabeistehen, den er lieb hatte, spricht er zu seiner Mutter: ›Weib, siehe, das ist dein Sohn!‹ Danach spricht er zu dem Jünger: ›Siehe, das ist deine Mutter!‹“ In der Theologie ist man sich weitestgehend darin einig, dass mit dem Lieblingsjünger Johannes gemeint sein müsse. Aber die männlichen Jünger waren alle geflohen. So werden in Vers 25 nur Frauen als Trauernde zu Füßen des Kreuzes genannt. Und nach Vers 26 soll Jesus plötzlich den Johannes zu seinen Füßen sehen? Tatsächlich wird der Name Johannes gar nicht genannt.

Der Widerspruch zwischen den Versen ist rasch aufgeklärt: Der „Lieblingsjünger“ Jesu war nach den verbotenen Evangelien nicht Johannes, sondern Maria Magdalena. Schon ergibt sich ein komplett anderer Sinn: Jesus sieht Maria Magdalena und Maria, seine Mutter. Zu seiner Mutter sagt er sinngemäß: „Weib, schau her ... hier bin ich, dein Sohn!“ Er meint sich selbst mit „dein Sohn“. Zu Maria Magdalena gewandt spricht Jesus sinngemäß: „Schau, von nun an ist Maria deine Mutter!“ Von Johannes ist nicht die Rede.

Nach dem Kreuzestod kam Jesus nach Überzeugung seiner Anhängerinnen und Anhänger hinab ins Totenreich. Dort blieb er drei Nächte lang (siehe „Evangelium nach Matthäus Kapitel 12, Vers 39!). So beten auch heute noch alle Christen im Glaubensbekenntnis, Jesus sei „hinabgestiegen in das Reich des Todes“ und „am dritten Tage auferstanden von den Toten ...“ Paulus fragt in seinem „Brief an die Römer“: „Wer will hinab in die Tiefe fahren, nämlich Christus von den Toten herauf zu holen?“ Die bei Paulus gestellte Frage wird im „Evangelium nach Johannes“ beantwortet:

Nicht nur nahe beim Kreuz finden wir Maria Magdalena, sondern auch wenig später am Felsengrab. Laut dem „Evangelium nach Johannes“ (Kapitel 20, Vers 1) kam „am ersten Tag der Woche Maria Magdalena früh, als es noch finster war, zum Grab.“ Es ist Maria Magdalena, die als Erste zu nächtlicher Stunde das Grab Jesu aufsucht. Die Felsengruft steht für die Unterwelt. Maria Magdalena holt Jesus sozusagen ab.

So lässt sich der Handlungsablauf aus den Schriften des „Neuen Testaments“ kompilieren: Jesus wird am Kreuz getötet und steigt für drei Nächte ins Totenreich hinab. Maria Magdalena erscheint am Grab. Der Eingang zur Felsengruft steht für den Übergang von unserer Welt in die der Toten. Wie die antiken Göttinnen ihren Partner holt Maria Magdalena ab. Gewiss, Maria Magdalena steigt nicht, wie ihre göttlichen Vorgängerinnen, ins Totenreich hinab. Aber sie kommt zum Grab in der Felsenhöhle, das symbolisch für die Unterwelt steht. Neu ist diese Geschichte nicht. Es gibt sehr ähnliche Vorlagen, die allerdings Jahrtausende älter sind. Von diesen wesentlich älteren Überlieferungen kursieren seit Jahrtausenden voneinander abweichende Varianten. Die Namen wechseln immer wieder. Die Einzelheiten differieren. Das Grundrezept ist aber immer das gleiche. Zwei Beispiele sollen genügen. Es wird deutlich, dass das Grundschema der Geschichte von Maria Magdalena und Jesus uralt ist.

Tammuz alias Dumuzi, der sumerische Vegetationsgott, stirbt. Sein Name lässt sich mit „rechtmäßiger Sohn“ übersetzen. Sein Beiname lautet „Schäfer“. Jahrtausende später würde man Jesus als den rechtmäßigen Sohn Gottes bezeichnen, der als guter Hirte seine Herde bewacht und schützt. Der Gott steigt ins Totenreich hinab. Seine Partnerin Ischtar wurde in Mesopotamien als Himmelskönigin und Göttin der Liebe verehrt. Ischtar folgt Tammuz und findet ihn im Totenreich. Sie kehrt mit Tammuz ins Reich der Lebenden zurück. Wenn Tammuz stirbt, stirbt auch die Natur mit ihm. Mensch und Tier verlieren die Lebensgrundlage. Der Hungertod droht. Kehrt Tammuz mit Ischtar aus dem Totenreich zurück, lebt die Natur wieder auf. Wieder dient die „Heilige Hochzeit“ dem Erhalt des Lebens.

Noch stärker im Matriarchat verwurzelt ist die Variante der Geschichte mit Hades, Persephone und Demeter. Hades, der Herrscher über das Totenreich, entführt Persephone, die Tochter der Demeter in die Unterwelt. Persephone, eine Göttin der Fruchtbarkeit ... in der Unterwelt, das hat fatale Folgen für die Welt der Lebenden! Ihre Mutter Demeter lässt aus Trauer die Natur sterben. Alles Grün verdorrt. Schließlich sterben die Menschen. Demeters Geschwister zwingen Hades, Persephone ins Leben zurückzulassen. Daraufhin lässt Demeter die Natur wieder aufleben. Seither muss, so die alte Überlieferung, Persephone ein halbes Jahr in die Unterwelt verbringen. Das hat zur Folge, dass alle Jahre wieder die Natur stirbt. Danach darf Persephone wieder in die Welt der Lebenden zurückkehren, dann erwacht auch die Natur wieder zu neuem Leben.

So manche Sage, so mancher Mythos behandelt die Göttin Demeter. Sie war die matriarchalische „Dreifaltigkeit“, die „dreifache Muttergöttin“ im griechisch-kleinasiatischen Raum. Somit war sie die matriarchalische Vorläuferin der christlichen Dreifaltigkeit. Zigtausende strömten zu den Mysterienspielen nach Eleusis, knapp 20 Kilometer von Athen entfernt. Doch nur Auserwählte wurden in die Geheimnisse des Kults eingeweiht. Bis heute konnte die Wissenschaft nur wenig über den antiken Kult in Erfahrung bringen. Bekannt ist lediglich, dass Demeter und Persephone im Zentrum religiöser Zeremonien standen. Zelebriert wurde eine „Heilige Hochzeit“ zwischen Himmel und Erde, wohl mit dem Ziel, das Überleben der Natur zu gewährleisten. Als Höhepunkt wurde die Geburt eines Kindes verkündet und schließlich präsentiert: als Kornähre. Die Bedeutung des Symbols ist leicht zu verstehen: die „Heilige Hochzeit“ führt immer wieder zu neuem Sprießen und Wachsen in der Natur!

Die Mysterien dürften schon Ende des zweiten Jahrtausends vor Christus feierlich begangen worden sein. Zu Jesu Zeiten und in den Jahrhunderten danach stellten sie noch eine ernsthafte Gefahr für die junge „neue“ Religion dar. Aber wie neu war das Christentum wirklich?

313 n.Chr. verabschiedeten Konstantin der Große und Licinius das „Toleranzedikt von Mailand“. Den Christen wurde es gestattet, ihre Religion frei auszuüben. Somit hatte die Verfolgung von Christen in früheren Epochen ein Ende. Die Gleichberechtigung von Christentum und Heidentum galt nicht lange. Die freie Religionsausübung fand ein rasches Ende. Theodosius erhob das Christentum zur Staatsreligion, die „heidnische Konkurrenz“ wurde vom Staat unterdrückt. Offenbar waren die eleusischen Mysterien noch im vierten Jahrhundert n.Chr. eine echte Konkurrenz für das Christentum. So sah sich Kaiser Theodosius der Große 392 n.Chr. genötigt, den Geheimkult per Dekret zu verbieten. Aber erst drei Jahre später, im Todesjahr des Kaisers, wurde das religiöse Zentrum in Eleusis zerstört.

Seit Jahrtausenden wiederholt sich eine Geschichte, nur die Namen der Hauptpersonen wechseln: Tammuz und Ischtar, Persephone und

Demeter, Jesus und Maria Magdalena. Es ist, als ob in den vergangenen Jahrtausenden Künstler immer wieder ein bestimmtes Motiv dargestellt hätten: das der „Heiligen Hochzeit“.

Weil wir so viele Varianten dieser einen Geschichte haben, können wir auch das Geheimnis von Maria Magdalena und Jesus verstehen. Gewiss, die Überlieferung wurde verfälscht. Der patriarchalische Gott dominiert in der Bibel! Aber wir sind nicht nur auf die theologisch anerkannten Evangelien angewiesen. Wir können Texte aus den verbotenen Evangelien heranziehen und konsultieren. Was die biblischen Evangelisten nicht mehr sagen durften, können wir auch heute noch in den geheimen Evangelien aus dem ägyptischen Wüstensand von Nag Hammadi nachlesen!

Was wirklich zwischen Maria Magdalena und Jesus geschah, das galt als schlimmes Sakrileg. Deshalb wurde das biblische Bild der „Heiligen Hochzeit“ zensiert. Doch weil nach wie vor heidnische Varianten der wahrlich „heißen Story“ existieren, können wir das wirkliche Bild von Maria Magdalena und Jesus wieder rekonstruieren!

Die engste Vertraute Jesu war Maria Magdalena. Jesus zog sie allen anderen Jüngern vor und teilte ihr Geheimnisse mit, von denen die anderen Jünger offenbar keine Ahnung hatten. Bei den eleusischen Mysterien gab es Einweihungen im Tempel: ein Wissender führte einen Neuling in das Mysterium der Religion von Auferstehung und Leben ein. Das geschah offenbar in Dunkelheit. Vermutlich wurde der Schüler vom Lehrer rituell „beerdigt“ und dann wieder vom Tode auferweckt. Es gab keine trockene Religionstheorie, die ein Lehrer einer möglichst großen Klasse vortrug. Das geheimnisvolle Wissen wurde einem Schüler von einem Eingeweihten vermittelt: als Rollenspiel vermutlich. Der Lernende war zugleich Erfahrender, der möglichst plastisch erleben sollte, wie er sich Tod und Auferstehung wirklich vorstellen konnte. Pindar, eingeweihter der eleusischen Spiele, schrieb im 6. Jahrhundert vor Christus: „Glückselig ist, wer, nachdem er dieses geschaut, den Weg unter die Erde betritt. Er kennt das Ende des Lebens und dessen von Zeus gegebenen Anfang.“ Der rituelle Tod, der leibhaftige Abstieg in die Unterwelt und die Rückkehr ins Leben sollte auf den eigenen Tod vorbereiten.

Wer muss da nicht an Jesus denken, der den Lazarus, der schon vier Nächte in der Gruft gelegen hatte, ins Leben zurückrief? Lazarus war der Bruder von Maria Magdalena, der engsten Vertrauten Jesu. Bei den eleusischen Zeremonien ging es wie bei der „Heiligen Hochzeit" in unzähligen Jahrtausenden zuvor um den Abstieg des Helden in die Unterwelt und um die Wiederauferstehung. Wenn die Göttin den Erweckten wieder zurück in die Welt der Lebenden brachte, erblühte auch das Leben wieder von neuem:

„Ich bin die Auferstehung und das Leben." So könnte ein Gott der Fruchtbarkeit aus längst vergangenen mythischen Zeiten sprechen, doch wir finden die Worte im „Neuen Testament", als Bekenntnis Jesu („Evangelium nach Johannes" Kapitel 11, Vers 25).

Abb. 30 und 31:
Jesus musste aus dem Hause Jesaja preist den
Davids stammen ... Morgenstern

Abb.: 32:
Schöpfung ... Gott und das Paradies. Alte Lutherbibel etwa 1930

Abb.: 33:
Evangelist Johannes beschreibt den Heiligen Geist als Taube. Münster Hameln

Abb. 34:
König Salomo praktizierte heidnische Bräuche

Abb. 35: Ein Engel und Maria Magdalena (rechts), Vézelay, Archiv Langbein

Literatur zu den Rätseln der Geschichte dieser Welt und weiteren faszinierenden Themen finden Sie im Verlagsprogramm des Ancient Mail Verlags:

Thomas Ritter

Katharer

Heiden, Ketzer oder wahre Christen?

ISBN 978-3-935910-84-2, 164 Seiten, 19 Farbfotos, Pb., **€ 13,50**

Wer waren sie wirklich, die Katharer - eine ketzerische Sekte oder wahre Christen, die ihren festen Glauben bewahrten, bis sie in einem gewaltigen Kreuzzug vernichtet wurden?

Thomas Ritter ist auf vielen Reisen ihren Spuren vom Aufstieg der Glaubensgemeinschaft bis zu ihrem tragischen Untergang gefolgt.

Folgen Sie ihm und entdecken auch Sie den Schatz der Katharer, von dem die Inquisitoren sagten, er sei von nicht mit Geld aufzuwiegendem Wert. Waren es materielle Dinge oder waren es einfach nur die Geheimnisse ihres Glaubens, die bis heute nicht vollständig ergründet sind?

Thomas Ritter

Sehnsucht nach dem Paradies

Die Kinderkreuzzüge im Jahr 1212

ISBN 3-935910-06-1, Din A5, 109 Seiten, Pb., **€ 9,50**

Warum schweigen die meisten unserer Geschichtsbücher, wenn es um die Geschichte der Kinderkreuzzüge geht? Thomas Ritter hat umfangreiche Recherchen an den Orten des Geschehens durchgeführt und ist der Frage nachgegangen, was wohl der wahre Auslöser für die fanatischen Vorhaben der Kinderscharen gewesen sein mag.

Alexander Knörr/Roland Roth (Hrsg.)

Terra Divina

Auf den Spuren der göttlichen Lehrmeister

ISBN 978-3-944198-17-0, Din A5, Pb, 326 Seiten, 131 Abb. **€ 19,50**

Terra Divina ist Latein und bedeutet „göttliche Erde".

„Göttliche Erde" deshalb, weil es Tausende Hinweise gibt, dass unsere Erde vor Jahrtausenden von „Göttern" besucht wurde, die uns Menschen nachhaltig beeinflussten und dann wieder verschwanden. Dorthin verschwanden, wo sie hergekommen waren – in die Tiefen des Weltalls. Die Hypothesen der Prä-Astronautik, die diese Annahme zu bestätigen sucht, sind nicht neu. Aber sie sind eben auch immer noch hochaktuell. Und gerade dieses Buch veranschaulicht diese Situation sehr gut.

Die Autorenkollegen und Herausgeber von „Terra Divina", Alexander Knörr und Roland Roth wollten dies nicht länger auf sich sitzen lassen. So trugen sie aus eigener Forschung aber auch aus den Forschungsergebnissen ihrer Forscher- und Autorenkolleginnen und -kollegen eine stattliche Anzahl an Berichten zusammen, die allesamt im deutschsprachigen Raum kaum bekannt geworden sind. Einige sind noch nie vorher in dieser Art behandelt und untersucht worden. Sie erhalten in „Terra Divina" Einblick in die neuesten Forschungsergebnisse von 15 Forschern der Prä-Astronautik die für Sie um die Welt gereist sind um vor Ort zu recherchieren, die sich für Sie mit Themen befassen, die auch sehr gewagt interpretiert wurden. Internationale Autoren, die bereits sehr bekannt sind wie Walter-Jörg Langbein, Roland Horn, Brien Foerster, Gisela Ermel und Thomas Ritter, aber auch in der Welt der Prä-Astronautik noch weitestgehend unbekannte Autoren wie Jürgen Huthmann, Sylvia Lapp oder Frank Grondkowski (um jeweils nur einige zu nennen) beleben mit ihren spannenden und brisanten Artikeln dieses Buch. Sie machen sich streitbar und sicherlich auch mancherorts unbeliebt mit ihren Thesen und Standpunkten. Aber sie versuchen nur eines – Ihnen die „Spuren der göttlichen Lehrmeister" aufzuzeigen. Und sie machen auch eines klar: Es gibt noch so viele Orte, die man aufsuchen, so viele Mythen und Legenden, denen man auf den Grund gehen und so viele Spuren, die man verfolgen kann, dass die Prä-Astronautik noch lange nicht am Ende ihrer Argumente angekommen ist.

Hans-Werner Sachmann

Archaische Dokumente

Fragen der Menschheit – Erneut gestellt!

ISBN 978-3-935910-72-9, Din A5, Pb.,
109 Seiten, 16 s/w-Abb., **€ 9,80**

In welcher geographischen Gegend könnte der versunkene Kontinent Atlantis gelegen haben?

Wie viel an derartigen Spekulationen ist in den vergangenen Jahrzehnten zusammen gekommen, und auf welche Bereiche konzentrieren sich derartige Forschungen mittlerweile in den entsprechenden Fachkreisen? Was sagen die ältesten Überlieferungen aus China, Indien und faszinierende Funde aus Ägypten über die „Götterastronauten" und ihre Attribute?

Zu welchen Erkenntnissen könnten technologische Neuerungen führen, wenn man die Fantastik nicht von vorne herein ausklammern würde, sondern ohne Einschränkungen wissenschaftlich zuließe?

Hans-Werner Sachmann, geboren 1951, der zu den Experten der deutschen Paläo-SETI-Szene gehört, ruft in diesem Buch alte Fragestellungen der Prä-Astronautik in Erinnerung, die sich auch um mythologische Gestalten wie die altgriechische Göttin Aphrodite und den judäischen König Salomo ranken, und stellt zwei neue Abhandlungen vor, die vielleicht zur Auflösung obiger Menschheitsrätsel beitragen könnten. Von Sachmann sind außerdem im Ancient-Mail-Verlag erschienen: „Die Suche geht weiter" (2001) und „Operation Sigiburg" (2002).

Daniela Mattes

Steinspuren

(Edel)steine in Kunst, Kultur und Mythos

Mit Beiträgen von Werner Betz, Gisela Ermel, Willi Grömling, Roland M. Horn, Alexander Knörr, Walter-Jörg Langbein und Thomas Ritter

978-3-943565-08-9, Din A5, Pb., 271 Seiten, 27 s/w-Abb., 26 Farbfotos, **€ 16,50**

Mineralien, Gesteine, Edelsteine sind „Bausteine“ der Erde und des Lebens auf ihr. In alten Kulturen wurden Steine verwendet, um imposante Bauwerke zu errichten, die der Nachwelt heute noch erhalten sind, um Schriftzeichen darin zu hinterlassen, von denen wir manche heute noch enträtseln. Sie haben nicht zuletzt auch wertvolle Schmuckstücke hervorgebracht, die wir entweder selbst um den Hals tragen oder in Museen bewundern können.

Sie haben als Baumaterial und zur kultischen Anbetung gedient, als Tauschmittel, als Zeichen für Reichtum, als Grabbeigabe oder zur Heilung. Wenn man also Steine und Mineralien betrachtet, muss man ihnen in Ihrer Gesamtheit Respekt zollen und auch andere Bereiche als allein die Heilung berücksichtigen.

Unsere Autoren haben sich zusammengetan, um Ihnen die faszinierende Welt der Steine näher zu bringen. Erfahren Sie in den fünf spannenden Kapiteln mehr über die esoterische und heilende Anwendung von Steinen, ihren Einsatz als Schmucksteine, ihre Bedeutung in Religion, Märchen und Legenden sowie in alten Kulturen. Werfen Sie einen Blick auf die Verwendung der Steine in Geschichte und Alltag sowie auf den faszinierenden Bereich der Grenzwissenschaften und der Forschung.

Das eBook im Ancient Mail Verlag:

Ancient Booklet

Mit dem Ancient Booklet werden Fachartikel sowie vollständige Sachbücher, die bisher nicht mehr erhältlich waren, den Lesern wieder neu zugänglich gemacht. Außerdem umfasst das Angebot vollständige Ausgaben diverser Fachzeitschriften – auch bereits vergriffene. Darüber hinaus werden ständig neue, aktuelle Fachbeiträge und Buchauszüge angeboten.

Ancient Booklets sind erhältlich in den Shops von Amazon, Apple, Libreka, Ceebo, Weltbild und weiteren Anbietern.

Unsere Geschichte ist voller Rätsel –

Wir wollen helfen, sie zu lösen!

Bücher und Informationen zu den Themenkreisen Archäologische Rätsel dieser Welt, Paläo-SETI, Grenzwissenschaften, Sagen und Mythen.

Fordern Sie einfach *kostenlose* weitere Informationen an – per Postkarte, Fax, Telefon oder eMail beim

Ancient Mail Verlag • Werner Betz
Europaring 57, D-64521 Groß-Gerau
Tel. 0 61 52 / 5 43 75, Fax 0 61 52 / 94 91 82
eMail: ancientmail@t-online.de
www.ancientmail.de